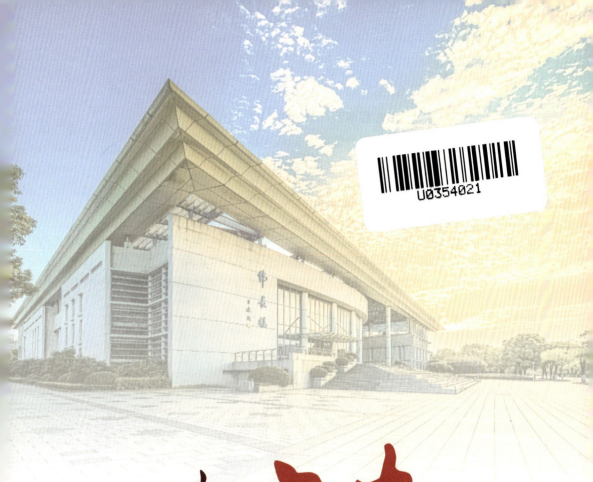

把上大说给你听

主　编　陆　瑾
副主编　卢　欣　叶　亮

上海大学出版社
·上海·

图书在版编目(CIP)数据

把上大说给你听 / 陆瑾主编；卢欣,叶亮副主编
. —上海：上海大学出版社,2022.6
 ISBN 978 - 7 - 5671 - 4475 - 0

Ⅰ.①把⋯ Ⅱ.①陆⋯ ②卢⋯ ③叶⋯ Ⅲ.①上海大学-校园文化-文集②上海大学-学生生活-文集 Ⅳ.①G645.5 - 53

中国版本图书馆 CIP 数据核字(2022)第 086786 号

责任编辑　盛国营
封面设计　柯国富
技术编辑　金　鑫　钱宇坤

把上大说给你听

主编　陆瑾

上海大学出版社出版发行
(上海市上大路 99 号　邮政编码 200444)
(http://www.shupress.cn　发行热线 021 - 66135112)
出版人　戴骏豪

＊

南京展望文化发展有限公司排版
上海华业装潢印刷厂有限公司　　各地新华书店经销
开本 710mm×1000mm　1/16　印张 14.25　字数 212 千
2022 年 6 月第 1 版　2022 年 6 月第 1 次印刷
ISBN 978 - 7 - 5671 - 4475 - 0/G・3438　定价　68.00 元

版权所有　侵权必究
如发现本书有印装质量问题请与印刷厂质量科联系
联系电话：021 - 36522998

前言 | *Foreword*

2016年以来，上海大学招生与毕业生就业工作办公室落实学校人才培养方针，组织开展"传承红色基因 我为上大代言"社会实践活动，发动在校学子向高中学弟学妹讲述上大百年奋进故事，传扬学校文化精神内涵，激励未来上大人奋进。活动至今已举办七年，约四千余人次参与，近两年均有千人以上报名参加这项活动，覆盖全国28个省、市、自治区的千余所高中。建立了将校园文化融入实践育人的长效机制，将爱校荣校的精神信念刻在了同学们的精神谱系中。

2022年，砥砺奋进的上海大学迎来建校100周年，为献礼百年，同时也为彰显实践活动成果，上海大学招生与毕业生就业工作办公室特举办"把上大说给你听"征文活动，期冀青年学子赓续红色基因，学习上大百年校史，发扬校训精神，培养"爱国的情怀""高远的志向""创新的锐气"，成长为能够肩负民族复兴大任的时代新人。

从本书撷取的60篇文稿来看，同学们以文字为媒，讲述上大故事，书写时代精神，践行爱校情怀，"内蕴家国情怀于心，外化红色精神于行""晨曦中的赶路人、更上一层楼的攀登者""赓续校史荣光，争做时代新人""我最好的选择，就是跨越2 367公里，来到这里"这些或铿锵笃定或诚挚柔情的话语，是20世纪一路走来红色历史长河中的最响回音，是新时代校园里最美的赞美诗，书中同学们勇担使命、奋发有为的青年力量和抱诚守真、饱满昂扬的青春告白溢于言表。书中的他们传红色基因，聚奋进力量；以昂扬精神，赴四海八方；展青春风采，扬母校荣光；续上大故事，谱崭新篇章。

"不负时代,不负韶华,不负党和人民的殷切期望",这是以习近平同志为核心的党中央对新时代中国青年提出的要求,也是对广大教育战线落实立德树人根本任务、践行"为党育人、为国育才"使命的嘱托。

新时代是追梦者的时代,更是广大青年学子的时代。《把上大说给你听》记录了上大学子们的"不负",将其付梓出版,必将激励更多青年学子传扬爱国荣校精神,笃行致远,不负韶华。

是为前言。

上海大学招生与毕业生就业工作办公室
2022 年 4 月 25 日

目录 Contents

主题一 红色学府 百年传承 / 1

"红"遍上大 "声"入人心 丁洁 / 3

七秒钟
  ——红色学府,百年传承 杨逸雯 / 7

书忧切之思向远 载赤忱之念成史 陈民炯 / 10

上大溯园 溯源上大 黄玉秀 / 13

百年上大 家国天下 沈孝婷 / 16

湘遇上大 明德笃行 袁则 / 20

源起传承 缘起青春 余婕 / 24

我们高举着上海大学的火炬 钱程 / 27

薪火相传 生生不息 杨千一 / 30

游·红色上大 王佳拓 / 33

雏凤清于老凤声 余意天 / 36

思上大百年有感 张德骏 / 40

赓续百年传奇 吾辈砥砺前行 张睿驰 / 43

与旧时光的上大对话 共新时代的上大前行 黄雪寒 / 46

百年鹤鸣 章雪韬 / 49

栉风沐雨传薪火 砥砺前行当自强 周湘云 / 52

遇见那座红色学府 缪汶君 / 58

致每个为考入上大而奋战的你 任梦远 / 62

主题二 乡曲之情 履践致远 / 65

萤火炽烈 晨光破晓 唐沁雨 / 67

使命　赵闵杰 / 71

追寻张太雷精神　吴博 / 75

与你的距离　陆欣怡 / 78

路遥知情深　日久见传承　田婧园 / 81

湘水浦江曲流长　上大湘随致远方　李岳星 / 84

树在，山在，上大人在　徐珍怡 / 88

一场红色的邂逅
　　——我与茅盾先生从湖州中学到上海大学的故事　张伊蕾 / 91

乡曲传承　星火致远　黄磊 / 94

千里相望　手手相牵
　　——乡曲之情，履行践远　赵娅利 / 97

乡曲之情　履践致远　郑丝雨 / 100

从常州到上大
　　——追寻瞿秋白先生的足迹　蔡盈盈 / 104

上大，向你而来，与你结缘　陈晓洋 / 107

携上大之精神　赴振兴之征程　薛探 / 110

主题三　立德树人　润物无声 / 113

师恩如海　无以言谢　庞瑞琪 / 115

师恩若海　倾我之至　朱志宏 / 118

千里之行
　　——我和我导师的故事　张夏子钰 / 121

譬如北辰　张滋纯 / 124

泮溪相遇是至幸　人间有味亦清欢　侍雨露 / 128

斯人若光　文德四放　郁琪琳 / 132

以梦为马　携手相行　李佳豪 / 136

润物无声　育人无痕　雷思颖 / 140

有如时雨化之者　陈烨勋 / 147

良师益友　立德树人　蓝晶晶 / 150

伟绩丰功　千载流芳
　　——给钱伟长先生的一封信　代玟 / 153

良师益友　无悔上大　赖欣洁 / 156

春风化雨　润物无声
　　——阅读钟云波教授　刘承渔 / 159

承继百年德　行为万世范　李芃成 / 162

主题四　溯源青春　逐梦上大 / 165

我与上大　程宇晗 / 167

赓续红色基因　传承红色文化
　　——"红色传承"团队在祖国大地上书写
　　壮丽青春　维娜拉·海拉提 / 171

红色星火　海阔天高　叶传凤 / 178

西来少年西行去　章叶浩薇 / 181

给上大的一首情诗　张蔓昱 / 186

相约百年上大　共书青春有为　国椿翌 / 189

溯源青春　逐梦上大　周康成 / 192

如果只是向往，远方依然是远方
　　——同学少年，大有可为　肖舒然 / 195

一个男孩和上大的故事　李晨阳 / 199

不忘初心再出发　郭金珊 / 202

恰同学少年，风华正茂　高薛彦 / 205

万花筒中众生相　王妍骅　李锦堰　滕若婷　孙康淳 / 208

我人生的后半程从上大起航　李奕衡 / 212

百年上大与他们与我们　傅琍璇　胡一娜 / 215

主题一 红色学府 百年传承

"红"遍上大 "声"入人心

2019级 法学院 丁洁

亲爱的同学们,你们好!

欢迎来到上海大学,我是讲解员丁洁。今天将带大家云游上大最具代表性的室外校史展览馆——溯园。作为上大的讲解员,我不仅会将溯园讲给你们听,更会将上大讲给你们听,将上大红色的历史讲给你们听。

丁洁

第一站:寻上大之根,溯革命之源

内蕴家国情怀于心,外化红色精神于行。如果说认识一所大学要从校史讲起,那么认识上大,就要从我们的第一站——溯园讲起。

溯园,撷"溯源"之谐音,取追根溯源之意,为纪念 1922 年到 1927 年的上海大学(简称老上大)而建,意寓上海大学对老上大精神的传承。

在进入溯园之前我们需要经过一片铺满石子的区域,大小相近的碎石子不会让人感到硌脚,相反,它寓意着破碎、混乱。踏着这片不同寻常的石子路,我们感受到老上大的命运多舛,感受到一种波澜壮阔。纵观整个建筑,溯园依下沉式广场而建,木板状纹理的岩壁增添了它的书卷气息,年轮般一圈圈展开的外墙诉说着它的历史沉淀。

当我们走进溯园,能够听到溯园中的展板、浮雕、雕塑、名录墙将老上大的红色往事娓娓道来。身着西装戴着老式眼镜的李大钊激昂地与学生谈论政治学说、探寻国家发展之路,让马克思主义思想深入上大学子内心。烛影摇曳火光低吟,平民夜校里妇女商贩伏案识字,追寻着红色的智慧火光,邓中夏、瞿秋白倡导的平民教育扎根穷苦百姓。山河破碎,社稷飘摇,青年一呼,卓荦天骄。青年高举红旗积极参与反帝爱国的五卅运动,抛洒青春热血,传播救国思想。人们正在纷乱中觉醒。这些浮雕提醒我们不能忘却历史的低吟,不能忘却前辈的付出,邓中夏、瞿秋白、于右任等革命前辈的红色精神与品德是我们的启航明灯,为一代代上大学子指引着民族振兴的康庄大道。

上大人用溯园讲述光辉的历史,还用生动的影像让我们更加深入地了解这段历史。我们用红色校史话剧《红色学府》探寻"红色学府"的前世今生;参与电影《1921》的宣传拍摄,出演五四运动中的进步青年,与先辈进行跨时空的对话;开拍大型纪录片《红色学府——上海大学》,把革命故事讲给更多人听。此外,小小地透露一下,溯园旁边正在建造的神秘建筑与新的拍摄有关哦。

第二站:诉百年校史变迁,寻红色革命足迹

如果说溯园是充满历史印记的建筑,那我们更需要做的就是将故事带出溯园,将更多故事带回今天的上大。欢迎来到我们的第二站,上大人的实践长征路。

作为传播校园文化的一员,为了更加深入地体会老上大的红色精神,丰富讲解内容,为听众带去更好的体验,我和我的团队开展了实地调研,探索了老上大的旧址。

曾经的青云路校区如今成了一所中学,留下了一处上海大学遗址墙。回忆起曾经,校舍位于青云路上的一排石库门建筑中,学校在弄堂口悬挂了于右任书写的"上海大学临时校舍"的牌匾,虽然条件不尽如人意,但是依旧吸引着学子前来求学。校舍渐渐面临着容量不足的问题,学校就利用其社会名声积极募捐筹资,最终建立了新的校舍。革命艰辛,古来共谈,曾经的老上大人就是在这种艰苦的条件下办学和发展的。走过老上大留下的遗址,这一切都在

不断地向我诉说着当年那些风雨飘摇。越深入,越真切,斑驳的墙面仿佛将我带回到了曾经的老上大年代。呕心沥血的文人才士、求知若渴的学生子弟,是他们将老上大建成了一所新颖的革命大学,在风雨飘摇、动荡不安的年代,他们付出了难以想象的努力与心血。

社会实践是锻炼大学生、让大学生真正深入社会的良好平台。上大一直鼓励每个上大人走出去学习,将上大的故事与更多实践活动相联系。比如"百年上大千人讲,红色学府赤子行"上海大学红色专项社会实践活动、守好红色血脉,讲好红色故事——基于上海大学校史的宣讲实践活动、上海大学"红色科创行"主题教育实践活动。上大人组织嘉兴南湖红船游览,演绎红色歌舞,进一步感受历史象征背后蕴含的深刻意义;上大人将党史精神搭载在微漫画中,采用新颖的形式,让青少年群体感知"红色上大",走近"上大革命前辈";上大人寻访光荣在党50年的老党员,开展寻访不同党龄优秀科技工作者的活动,面向社会各界宣讲一代代科技工作者的事迹,并深入了解各行各业时代发展的需求和科研领域的瓶颈,学习科研工作者不畏艰难、敢于创新、勇于突破的科研精神。这些都是我们上大人走出去学习,奉献国家、服务人民的实际行动。

第三站:回忆往昔岁月,探索红色路线

我们,都是上大人;我们,都是上大青年。欢迎来到我们的第三站,上大历史的回忆。

上大学子一贯注重上大精神的传承与传播。令我印象最深的一次宣讲是带领上大附中的同学们感受老上大的历史精神。从建校初期到五卅运动,这正是上海大学发展中最为艰难的时期,对于这一时期,我为同学们进行了细致的讲述,着重讲述了工人运动中的学生领袖刘华。刘华当时就在上大附中读书,在工人运动中他积极抗争。作为上大学子,刘华他们深知会遭到镇压甚至会流血受伤,但这些只会让他们的意志越来越顽强,正是刘华他们的努力抗争才使得五卅运动点燃了革命的燎原之火,也正是他们用生命唤醒了国民沉睡的心灵。我们不仅与上大附中的同学们分享了上大历史,还给他们分发了校

史知识图册，图册用通俗易懂的语言记录了上海大学的校史。通过我们的讲解，上大附中的同学们对于上海大学这座红色学府有了更加深刻的了解，他们知道了许多革命前辈的事迹，也意识到了作为上大附中的学生，他们同样肩负着传承上大红色精神的使命。

此外，除了讲解和传播校史，我们还设计了校史知识问答小程序，通过回答简单的校史问题，让同学们加深对上海大学校史的了解，也使得校史学习更有互动性。通过阅读文献和实地走访，我们查到了很多与老上大相关的故事，我们将这些故事汇编成册，通过通俗易懂且富有趣味的语言来讲述这些故事，最终制成一本名为《一些红色学府里的故事》的宣传读物，并持续对这本宣传册读物进行更新，讲好上大故事。

"溯园坐落在上海大学正门旁，希望每一个上大人能在一进校园时就了解老上大的历史，踏出溯园便是他求知的起点。"上海大学以老上大精神的传承为己任，大到室外校史展览馆的精心修缮，小到每一位上大人的精神传播，都付出了心力。每一个上大人都深知应聚青年之火，重燃时代之光，以高等教育学府为中心，让青年发声，让青年去传承！

今天的游览结束，谢谢大家！

七秒钟
——红色学府,百年传承

2020级 社会学院 杨逸雯

我是一条只有七秒钟记忆的鱼。日升日落,朝云晚霞,我都在浪花之尖聆听时间的流逝。

滴答——滴答——滴答——滴答——滴答——滴答——滴答……

第一秒,立校。

我听见了他们的呼唤:"上海大学成立了!"我看见被他人称作"于右任先生"的老者题写了"上海大学"的校牌。听德高望重的龟爷爷说,这是在中国共产党和国民党合作的背景下,一所由共产党人领导的、与国民党人合作创办的高等学府——上海大学,在那天——1922年10月23日诞生了。自那以后,我就听到民间流传着"文有上大,武有黄埔"的说法。

杨逸雯

第二秒,名师。

我听到人们议论陈独秀先生在新发表的文章中强烈谴责国民党右派打死打伤上海学生的暴行;我听到李大钊先生先后四次到上海大学发表演讲。我突然对上海大学的学生产生羡慕之情,有这么多名师和良师,在上海大学学习一定是一件幸福快乐的事情吧。

第三秒,迁校。

听龟爷爷说,上海大学的校址在动荡不安的时局下经历了多次变迁,1922年10月至1924年2月,上海大学的校舍在青云路,而后又搬迁至西摩路,此外还有方斜路东安里临时校舍、青云路师寿坊临时校舍、江湾校舍。但在几次迁移中上海大学的师生们始终保持着他们的初心。

第四秒,晨曦。

我听到上海大学课堂中探讨马克思列宁主义。由于一大批中国共产党员、马克思主义者在上海大学任教期间,结合中国革命实际,发表了大量文章,传播、普及马克思列宁主义,使上海大学成为宣传和传播马克思列宁主义的重要阵地,这也奠定了上海大学作为红色学府的基础。

第五秒,长夜。

我听见了于右任老先生的呐喊:"天苍苍,野茫茫;山之上,国有殇。"我看见了风烛残年的他站在岸边的无助与绝望。这夜太黑太漫长了,它曾吞噬那忽隐忽现的光芒,裹着时代坠入无尽悬崖,沉入江海。

第六秒,光明。

是烟花啊,我想起烟花沸腾处火光拖曳着长尾升入空中,一丛一丛追逐着炸开来,照亮了人们的笑颜,成功了,新中国成立了,人们互相拥抱着、欢呼着。

第七秒,梦境。

我梦到自己成了上海大学的一名新生。在开学的第一周便跟随着辅导员和班级参观了溯园,那是我第一次走进并认识溯园,认识这个满载着上海大学回忆的地方。它如名字一般意在追根溯源,静静地记录并诉说着20世纪20年代老上海大学的峥嵘岁月,展现老一代革命人筚路蓝缕的光辉历程,展现老上大历史上的经典场景与精神内涵。重温老上海大学的悠久历史,共同追溯前代之办学理念与精神,再次回顾那段红色峥嵘岁月,重温历史,缅怀先烈。在简单的参观过后,我对这个地方产生了由衷的敬佩。

而在大一的冬季学期,我选择了"大学生社会实践"这一门课程,其任务是小组共同完成一个关于"红色基地"的调研。在小组中,我也遇到了很多优秀的同学,经过商讨,我们决定从我们身边的红色基地——溯园入手。于是,我与他们再次踏入溯园,进一步了解溯园——寻找对于红色基地的研究方向。这一次,我对上海大学的历史有了更深刻的理解。在风云变幻、波澜壮阔的20世纪20年代国共合作创立了老上海大学,1994年合并组建成了今天的新上海大学,将"自强不息"作为校训。进入溯园,便是老上海大学成立之初于右任校长任职的《欢迎于右任校长》浮雕,上海大学的百年历史便由此拉开帷幕。紧接着的这组浮雕是关于上海大学成立时,20世纪20年代的相关文报,记录着这个伟大学校的诞生,在当时更有着"文有上大,武有黄埔"的美誉。看着《李大钊演讲》《平民夜校》《五卅运动》等浮雕,上海大学的一幕幕历史鲜活地浮现在我的眼前。

溯园的建造似在反复告诫着上海大学的莘莘学子要牢记上海大学的历史,牢记先辈们的贡献和成就。而似乎除了带着调研和参观的目的,踏入这片区域的人并不多。因此,我们小组确定了研究"关于红色基地的困境及对策建议"的主题,旨在针对红色基地,不仅是溯园,乃至全上海、全国的红色基地所处的困境提出可行性意见,从而帮助其达到建立的初衷。

我们小组利用周末及寒假时间走访了中共一大会址、中共二大会址、孙中山故居、周公馆、龙华烈士陵园、宋庆龄故居,从大学生视角、从宏观和微观两个角度分析以上海为代表的红色基地的困境和对策。在这次实地调研中,我学习到很多知识,也更全面地了解了自身的不足,为我今后的努力提供了方向,让我受益匪浅。在课题实践中,我深刻体会到了红色基地的重要性和意义,也体会到了身为大学生的责任和担当。鲜花会枯萎,信纸会破碎,英雄会离世,但是精神永远流传,在英雄烈士伟大精神的熏陶下,我更应该认识到自己的责任,关心国家和社会的发展,努力学习,为社会做出自己应有的贡献。

每次走在溯园门口的路上,抑或骑车路过溯园,我都会不自觉地望向它,它能带给我一种强烈的归属感,我们之间似乎已经产生了某种强烈的联系。

1994年5月27日,新上海大学合并组建,从石库门中的"弄堂大学"到不断迸发活力的现代化学府,同一个校名下是同一种奋斗精神的薪火相传。而上大人,注定要与红色基因血脉相连,必定要将自强不息的上大精神传承下去,成为晨曦中的赶路人、更上一层楼的攀登者。

在温柔的时光中,新一代的青年们缓步前行,抚摸着溯园墙壁上的纹路,追溯着先辈们的事迹,我渐渐了解了上海大学成长过程中那些最可爱的人,了解了他们的牺牲、他们的坚守、他们的灿烂光辉。

滴答——滴答——滴答——滴答——滴答——滴答——滴答……

七秒钟后,一个崭新的世界。

书忧切之思向远　载赤忱之念成史

2020 级 计算机工程与科学学院 陈民炯

古语有言:"洛阳城里见秋风,欲作家书意万重。"家书,一个汉语中充满情怀的意象,在古时或者近代,在车、马、邮件尚慢的年代,一封家书就代表着联结,是沉浮的旅人与固执的守望者不离不弃的凭证。"烽火连三月,家书抵万金。"在硝烟弥漫的战乱年代,除了关切和挂念,一封寄往远方的家书还寄寓着离家之人对动荡时局的深刻思考,对自己秉持的理想信念的剖析,对为之奋斗的美好未来的愿景,确实价值千金。正因如此,对老上海大学(1922—1927)师生的红色家书进行研究,我们就可以从源头上追溯革命年代

陈民炯

前仆后继的爱国人士于内心语出的价值追求,在百年后更好地赓续红色精神,在新时代讲好独属于我们的"上大故事"。

追求如水,纵遇千阻,不舍昼夜。品读红色家书,越发能够感受到老一辈上海大学师生对革命事业的执着追求和永不言败的进取精神。于右任先生,老上海大学的创始人,因为其工作繁忙和常年在外,留下了许多家书。先生留下的家书,或极尽关爱挂念之情态,或直抒忧虑国事之胸臆,是先生一身风骨的生动描画。其中令我印象最深刻的一封,是先生于 1937 年任国民党政府监察院院长时写给其子望德的家书。先生在信中对儿子说:"我每感痛苦者,即

所学不足以应变,欲报国家,有心无学,皆涉空想。我常说,学无用之学,等于痴人吃狗粪。汝此后将自己所学,要切实检查一遍。以后用功,要往切实处做才是。"时值抗日战争全面爆发,日军已从华北、华东大举南侵,先生的初心全然不受国民党当局绥靖放任、萎靡退缩风气的侵染,家国之情于字里行间溢出。文末先生还恳切叮嘱道:"我前途如不幸,民族复兴之大业,望汝弟兄两媳两孙继承。"先生大义,承古时愚公移山之"子子孙孙无穷匮"的愿景,希望自己一家能够为移除"人民遭难,国家受辱,文明蒙尘"的大山、为让中国重新屹立在世界之巅多做贡献。"大陆不可见兮,只有痛哭!葬我于高山之上兮,望我故乡。故乡不可见兮,永不能忘!天苍苍,野茫茫,山之上,国有殇!"这首《望大陆》是晚年于右任先生于台湾因思念大陆故土而写下的乡愁诗。这首诗又何尝不是先生欲寄往远方故乡的家书啊。从青年时手捧书卷意气风发到1964年于床榻上郁郁而终,先生没有一日不在为这个国家、为这个民族做出自己的贡献。先生是上海大学的志记里煌煌赫赫的一页,先生的赤子之心是上海大学每位学子心中仰之弥高的信仰灯塔。而我们亦将传承以先生为代表的老一辈上海大学师生的红色精神,从"红色家书诵读"活动到"红色历史学习分享会"活动,老一辈师生与新时代上海大学的故事仍在继续,像水流的汇聚,共同奔腾。

忘我如山,虽有千重,岿然不动。品读红色家书,字里行间无不体现着先烈们无私奉献、无怨无悔的忘我精神。瞿秋白,中国共产党早期领导人,中国无产阶级革命家,曾在老上海大学担任教务长兼社会学系主任。因其与妻子杨之华感情甚笃,留下许多家书,家书大多表达两人之间绵密的感情,间或掺杂国家大事和家庭琐事。品读瞿秋白的家书,更能体会当时革命党人以苦为乐的志趣和尽心尽力投身革命事业的热情。我感触最深的是1929年身体虚弱的瞿秋白在养病期间写给妻子杨之华的一封信。信中写道:"亲爱爱,你准备着自己的才力,要在世界革命及中国革命中尽我俩的力量,要保重你的身体。我想,如果,我俩都凑着自己能力的范围,自己精力的范围,做一定的工作,准备着某种工作能力,自己固然可以胜任而愉快,对于工作也有益处。"信中三言两语写得轻松,其实瞿秋白的身体早已在前两年中超负荷运转,后来甚至"半夜从床上掉到地板上,半晌爬不起来",这是他当时为了缓解妻子对自己的担忧和焦虑才想出的"骗术",同时也是对自己苦中作乐的一种宽慰。偏偏这"骗术"中还夹杂着对两人日后齐心协力、相濡以沫的期许,让后来者潸然泪下。瞿秋白在养病期间仍然不忘工作,他译介文稿,撰写社论……瞿秋白1935年不幸被捕,于当年6月18日就义,时年36岁。当日,瞿秋白在敌人刀枪密布之下慢步走向刑场,坦然到没有一丝紧张或是害怕,边走边唱《国际歌》,走到罗汉岭刑场后的一座山前,瞿秋白坐在平地上,说:"此地甚好。"尔后从容就义。"亦余心之所善兮,虽九死其犹未悔。"瞿秋白烈士的革命精神长存于一封封家书之中,他为所有上海大学师生树立起精神的标杆。不仅他,还有更多的老上海大学师生,如给妹妹写《每天应常学习不可偷懒》、为党工作孜孜不倦的邓中夏,如在狱中给铭兄写《念国难之日急,恨己身之蹉跎》、一心一意为党着想的王若飞,等等,他们的信念和理想堆砌起了一座精神的高山。从溯园的构建到校史馆的设计,都如工匠在铭刻一些文字,在记录一些事情,让新时代的上海大学与老上海大学跨越时间的长度,超越空间的距离,立身于同一时空。

纸短情长,却字字滚烫,句句感人。品读一封封老上海大学师生的红色家书,感受那一段段荡气回肠的革命历史,才能体会那时代的厚重和历史的沉淀。一代人有一带人的使命,我们的使命就是传承老一辈上大人的红色基因,坚定理想信念,为实现青春梦、中国梦而奋斗,讲好新时代的上大故事。

上大溯园　溯源上大

2020 级　马克思主义学院　黄玉秀

认识一所大学,要从其校史讲起,而要认识上大,则要从认识溯园开始。坐落于上海大学内部的溯园,记录着上海大学近百年的风华,也向一代代新上大人展示着老上大人的光辉历程。

溯园是在 2013 年 12 月 20 日动工修建的,在次年 10 月 23 日——老上海大学的校庆当天正式落成。在这样一个特殊的日子里,上海大学向人们重现了老上大的辉煌历程。

溯园的建立,是为上大"溯源"。它为纪念 1922 年到 1927 年的老上海大学而建,意在追溯和传承老上海大学的办学理念与精神。从高处

黄玉秀

俯瞰溯园,它好似一圈圈树木的年轮,承载着岁月的厚重;从外部观察溯园,它以竹板为墙,处处展现着历史的气息。两者相呼应,隐喻着历史与现实的交际、岁月与青春的接力。

这里,是上海大学博物馆的室外展示园地;这里,是上大人铭记历史、缅怀历史的绝佳去处;这里,也是人们休闲漫步、享受美好时光的首选场所。溯园,占地面积虽然不大,但确确实实容纳着我们难以想象、无以忘怀的历史。

一步一步走近溯园,可以在外围看见起起伏伏的小石头铺满地面,破碎而混乱,可以联想到,老上大在 20 世纪 20 年代经历着怎样的艰难险阻,又是如

何在那个混乱的年代得以存在和发展。沿着一条路进入溯源内部,低头可见的是满地青砖,引领着我们进入溯园的展示区。初到溯园时,我曾有一种说不上来的感觉:似是震撼,又好像夹杂着其他什么。

往墙上望,赫然写着"养成建国人才,促进文化事业",作为老上大的办学宗旨,它培养了一批又一批优秀的师生,走出上大,为国为民,奉献一生。

一组浮雕,一个故事。四组浮雕就这么静静地矗立在溯园里,仿若在等待着世人前来倾听和了解它们的故事。

《欢迎于右任校长》这组浮雕,展现的是当年老上大成立时的情景。从老上大师生全体到火车站迎接于校长,到在校内举行欢迎大会,于校长发表讲话,表示愿意"辅助诸君,谋学校发展"。这一场景,是老上大历史的开始,也是老上大为社会为人民办学的开始。

《李大钊演讲》这组浮雕,展现的则是李大钊先生在上大演讲时的情景。说来,李大钊先生与老上大是有着深厚缘分的。在老上大刚刚建立时,他曾推荐邓中夏和瞿秋白到上大任教。又在1923年到1924年间,多次前往上大演讲,从"演化与进步""社会主义释疑"到"史学概论",他与师生互动,也宣扬着革命思想,而老上大也成为当时传播革命思想的重要阵地。

《平民夜校》这组浮雕,展现的则是学生们晚上来校上课的光景。随着老上大学生人数迅速增加,学校规模扩大。邓中夏、瞿秋白等人积极开展社会教育,创办平民学校。在这里,有工厂工友、商店职员、小贩、街道妇女,也有穷苦的青少年;在这里,可以识字、学习算术,也可以学唱革命歌曲。老上大的师生们,都在热情地贯彻着教育为民的理念。

《五卅运动》这组浮雕,展现的则是1925年五卅运动时候的场景。如果说,前三组浮雕展现的是当时社会的平静,那么这里则展现着平静下的波涛。五卅运动——一场以日本职员枪杀中国工人为导火索掀起的反帝爱国运动,其中涌现了蔡和森、李立三、刘少奇等一批先进人士,推动了全国范围的反帝爱国主义运动。在他们的领导下,上大学生组成的"学生讲演团"不畏镇压,参与游行示威,可谓声势浩大,影响深远。时至今日,我们也常听到"北大成就五四精神,上大成就五卅精神"的说法。

在五卅运动后的1927年,蒋介石在上海发动四一二反革命政变,上大诸多师生被通缉,而上大作为革命党人宣扬进步思想的重要阵地,在其开办五年之际遭到武力查封。当然,我们也可以说其历史是丰富的,在这五年不到的时间里,老上大宣扬革命思想、普及平民教育、解放人民思想,使其办学宗旨得到了最大化发挥。回看今天的溯园,占地面积虽不算很大,在这一方天地里,却处处展现着其特有的光辉。

老上大不仅是今天的上海大学的开端,更是新上大优秀精神和优良传统的基石。因此,我们有理由相信,秉持着"自强不息""先天下之忧而忧,后天下之乐而乐"的校训,上海大学将会得到更大程度的发展,也有更加美好的前景等待一代代上大人去探索和发掘。

最后,不得不再次感慨一句,上大溯园,确实是个溯源上大的好地方,也是个激励上大人的好地方!过往的辉煌终究成了历史,未来的辉煌却有待去创造。泮池的柔波,映着青春的眸光;溯园的浮雕,刻写红色的记忆。上海大学,是我们梦想与未来交织的起点,也是我们知识和智慧奠基的巨石。我们必将刻苦学习,砥砺前行,自强不息,追求卓越。我们也会迈开坚定的步伐,肩负时代的使命,实现人生理想,成为国家栋梁。在历史的新起点上,上海大学继承发扬老上大的办学传统和精神,致力于建设成为一所具有鲜明特色的双一流大学,为祖国、社会培养优秀人才。在人生的交汇点上,每一个上大人也应贯彻上大精神,实现自身美好发展!

百年上大　家国天下

2020 级　悉尼工商学院　沈孝婷

栉风沐雨，从长烟战火中走来。2022年正是上海大学建校100周年。100年前，上大是中国共产党与国民党合作创办的第一所正规大学。"自强不息""先天下之忧而忧，后天下之乐而乐"，从上海闸北青岛路青云坊到四校之先，从"文有上大，武有黄埔"到"北有五四时期之北大，南有五卅时期之上大"。钟灵毓秀，坐东海之侧；百宇星罗，红色汇源。一百载致力同心，整个世纪砥砺前行。回首往昔，唯有岁月峥嵘；还顾今朝，积历史之厚蕴，且以风光旖旎。

沈孝婷

正如刘昌胜校长在2021年开学典礼中所说："'上大之上'在奋发向上、弦歌不辍的大学精神；'上大之上'在创新为上、勇开先河的改革基因。"在百年以前，上海大学成为这片东方土地上璀璨的光辉，1921年中国共产党的成立，上海大学于次年随即创办，犹如茫茫黑夜里照进希望的曙光，先进的文化知识、马克思主义理论、新时代的引领和号召在这一刻向着上大青年席卷而来，精彩的革命历史被无数志向高远的先辈热情书写。《新民晚报》记者曾在对上海大学原创校史话剧《红色学府》的报道中写道："那个年代，中国大地风起云涌，反帝反军阀的浪潮促进国共有识人士合作办学，一批有进步思想的名师贤达加盟上大，一批满怀理想的热血青年求学于上大。"上海大学,红色学府,勇立潮头!

未惜头颅新故国,甘将热血沃中华。身处在国家危亡的紧要关头,无数英雄志士挺身而出。郭毅、周大根等同志参加校内的"保卫二中",秘密加入了党的地下组织,积极开展抗日斗争,传播革命火种、组织群众开展多种形式的斗争。斗争不断,反抗不断,有瞿秋白、宋希濂,有年近古稀的于右任校长,"养成建国人才,促进文化事业"是他们留下的谆谆教诲,"爱祖国,爱教育,爱学生"是他们一生的真实写照……愿将赤子心,再续新篇章!

这让我又想起那世道,遍地哀鸿满城血,无非一念救苍生。上大的前辈们带着革命的布尔什维克主义回到了课堂。他们知道,人民才是国家的根本。事实证明,他们的理念是对的。

上大人物邓中夏先生,从北京大学国文系毕业以后,放弃优越的职位和公费出国的机会,坚定投身共产主义事业,成为早期杰出的工人运动领袖。1923年4月,邓中夏先生出任上海大学总务长,他非常注重马列理论学习和革命实践,因为他深知知行的重要性,强调学生要"读活的书",他坚信要实现改造中国与世界的理想,就要用先进的理论唤起民众。在短短两年的任期中,他先后聘请蔡和森、瞿秋白、恽代英、张太雷、任弼时、萧楚女等一大批共产党员到校任教,诸位上大"红色教授"共同努力,不断为党和国家培育卓越人才。无数的上大前辈们始终坚守和贯彻着自强不息的精神,跨越了几十年的历史,从上海大学走进了新中国。

昔日,新中国成立之初,百废待兴,百业待举,科技领域几乎一片空白。千百名在国外的科学家克服各种阻挠毅然回到祖国怀抱,为祖国科技事业发展鞠躬尽瘁。在归国的路上,朱光亚联合50余名旅美留学生发公开信,呼吁:"让我们回去,把我们的血汗洒在祖国的大地上,灌溉出灿烂的花朵。"这里有一长串闪光的名字:钱伟长、杨雄里、严东生……在极其艰苦的环境中,他们与祖国与人民站在一起,克服艰难与险阻,打开科技发展的新篇章、新天地。

每一位上大学子都走进过校史馆,都曾追忆过校情和校史。我们的老校长钱伟长先生自幼受家学渊源影响,热爱国学,胸有大志,在九一八事变同年毅然决定弃文从理,怀抱救国之志,想要为国家的科学事业发展做出贡献。有志者,事竟成,破釜沉舟,百二秦关终属楚。钱伟长先生学成回国,为祖国教育事业挥洒汗水,时年60岁的老先生出任上海工业大学校长,国家特批"他的任命不受年龄限制"。事实上,钱伟长老先生从彼时到四校合并后的上海大学,自始至终鞠躬尽瘁,立志为国家、为上海办一所高质量大学,他独树一帜的教育思想和治校方略开创了学校思想解放和学术繁荣的新局面。对于我们,钱老是伟大的精神榜样,是永恒的革命工匠。

今日,面对百年未有之大变局,无论是接续奋斗还是开拓新篇,伫立于时代潮头的你我,都必须心怀进取精神,永葆"闯"的精神,"创"的劲头,"干"的作风,"自强不息""先天下之忧而忧,后天下之乐而乐",将逐梦社会主义现代化的努力落实到生活中的每个时刻。

大道至简,实干为要。我们的国家正在不断崛起,中华民族伟大复兴的愿望正在逐日变成现实。我们的学校亦将薪火相传,赓续红色基因,培养全面发展的卓越创新人才,造就担当民族复兴大任的时代栋梁。"上大之上"也在蒸蒸日上、快速提升的综合实力,我们上大学子,有幸受教于践行初心的上大工匠、接受飞速跃进的新时代先进知识,奋进新征程,我们必须贯彻上海大学校训,争做艰苦奋斗先锋,将求知心贯彻至深、将务实心落实至处。

思想家魏源曾说过:"披五丘之图,以为知山,不如樵夫之一足。"诚如斯言,再好的理想蓝图,没有脚踏实地的务实、艰苦奋斗的磨砺,都不会有实干兴邦的可能。正如张居正所言:"君子处其实,不处其华;治其内,不治其外。"前进的道路上,我们每个人,不论处在什么样的岗位上,都应当同时间赛跑、同潮流并进,以"钉钉子"精神做好每一项工作,将社会主义现代化蓝图实干到底。我们青年学生,脚踏实地,渗透社会民生开展实践学习;我们热血梦想家,乘风破浪,激情挥洒青春的汗水;我们未来继承者,敢于突破,创新创业勇开时代先河。

一个国家,一个民族,在精神上有怎样的"海拔",就能攀登怎样的高度。迈步新征程,扛起"开好局、起好步"的重任,尤须秉持责任心、进取心、务实心,将"不用扬鞭自奋蹄,锐意进取我当先"的奋进韧劲贯彻到底。这样,我们就一定可以续写新的百年华章,标注新的中国高度!

"君去矣,甘将热血红青岛;吾来也,不许狂奴撼泰山。"正以有君辈为国奋身之豪杰,乃有今日中国之天光大亮。你们,无愧于亿万万后世子辈。为理想,万丈深渊,下去,也是前程似锦。

一代人有一代人的使命,一代人有一代人的责任,作为上海大学的学子,作为21世纪年轻一代的我们未来任重道远。在上海大学一百年的非凡奋斗历程中，无数的红色光辉洒落在这片土地上，一代又一代伟大的中国共产党人顽强拼搏、不懈奋斗，涌现出了一大批视死如归、百折不挠的革命烈士，一大批忠于职守、自强不息的英雄人物，一大批热心奉献、责任在肩的先进模范，形成了伟大的革命精神，构筑起了上大人的精神谱系。我们有幸成为上大学子，要大力发扬红色传统、传承红色基因，赓续共产党人精神血脉，保持革命奋斗精神，鼓起迈进新征程、奋进新时代的精气神。我们坚持真理、坚守理想、践行初心、担当使命，为上海大学的发展贡献力量，为祖国的建设贡献力量。

我们在尝试着模仿先烈们的样子，在已然全新的时代里，用一桩桩的凡人善举，用勇敢和大爱，燃起一把火、撑起一片天。青春之花凌寒绽放，复兴大任后继有人！

"植桂培兰不仰千种绿，栽桃育李尤钦万顷材。"回首往昔，我们骄傲；展望未来，我们向往；恩承荫蔽，我们感激；承前启后，我们任重道远。往事如歌，未来如诗，写不完激情岁月，抒不尽满腔深情；长歌豪迈挥斥方遒，愿上大能继续辉煌。

嗟乎！今吾辈所学所知，不过沧海一粟，尚不足为道。先辈英烈为开知开智所做的种种努力，为祖国的繁荣昌盛所付出的一切，皆如种子，将绽出学识的鼓苞，迎接多汁的果实。

一砖一瓦都是历史，山水之中皆有故事。

溯园、泮池、图书馆……

忆往昔，桃李不言，自有风雨话沧桑，

看今朝，厚德载物，更续辉煌誉五洲。

赓续校史荣光，争做时代新人。

划时代之桨，扬奋进之帆。

请相信，在这片热土之上，

不负青春，不负热血。

湘遇上大 明德笃行

2020级 悉尼工商学院 袁则

时光荏苒，如今已是在上海大学的第二个年头，我在春日里见过昂扬勃发的烂漫樱花，在夏季郁郁葱葱的操场挥洒汗水，在秋季的落日余晖中饱览诗书，亦在冬日的暖阳中感受四季的交替流转。我如一棵小草在这片沃土茁壮成长，上大则默默见证着一批又一批懵懂少年的蜕变。

微火初燃

袁则

我与上大的情缘起于高一的暑假，全家人来到湖南郴州市宜章县游玩，在当地亲戚的介绍下，我们参观了湘南名胜艮岩龙隐，内有历代文人墨客的诗赋碑刻，年代久远，史迹斑驳。

全家来到郴州市的中夏公园，邓中夏铜像巍然屹立在纪念广场中央。铜像后面的墙上雕刻着邓中夏烈士的生平事迹，公园四周被树木所环绕，台阶两边栽满了松柏，左边有伟大领袖毛泽东的亲笔题词："继启邓中夏之遗志。"右边有邓中夏烈士的一首诗《过洞庭》：

莽莽洞庭湖，五日两飞渡。雪浪拍长空，阴森疑鬼怒。问今为何世？

豺虎满道路。禽狝歼除之,我行适我素。

　　莽莽洞庭湖,五日两飞渡。秋水含落晖,彩霞如赤烓。问将为何世?共产均贫富。惨淡经营之,我行适我素。

夏日午后的公园甚是安静,偶尔传来几声蝉鸣,阳光透过树叶,斑驳的光影散落在石碑上,我静静地阅读邓中夏烈士的事迹,欣赏他的诗词,字里行间让我不禁惊叹于邓中夏烈士昂扬的一生,也让我对他的生平充满好奇,便上网进行了详细的了解。在1923年4月,邓中夏经李大钊推荐来到中国共产党和国民党共同创办的上海大学,任总务长。在上海大学任职的两年中,他聘请了蔡和森、瞿秋白、恽代英、张太雷、任弼时、李达、萧楚女、李立三等一大批共产党人到校任教,利用上海大学为党培养人才。看到这些熟悉的名字,我深受震撼,是怎样一个大学,可以拥有如此雄厚的师资力量。就这样,在一次偶然但又是必然的经历中,我第一次了解到上海大学。就在那时,我在心中就暗暗下定决心,高中一定要好好努力,争取考上上海大学。

梦想启航

从2017年的夏天到2020年的夏天,三年里我一直将上海大学作为自己的目标院校默默努力着,终于在7月结束了紧张的高考,在忐忑不安中拿到了高考成绩单,好在最终还是来到了上海大学悉尼工商学院,进入了这所我魂牵梦绕的高校。

在进入学校后,学校组织了校史馆的参观活动,在校史馆中,我再次发现了邓中夏烈士的身影。看到这个熟悉的身影我十分激动,学习相关资料时,其中看到一则故事,更是让我肃然起敬。

邓中夏参加革命活动,在1933年不幸被捕。国民党想挑拨他对共产党不满:"你是共产党的老前辈,现在却受莫斯科回来的那些小辈欺压,连我们都为你感到不平!"邓中夏轻蔑地回答:"这是我们党内的事,你有什么权力过问?一个患深度杨梅大疮的人,有资格嘲笑偶尔伤风感冒的人吗?"不久后,狱中秘密党支部派人在放风时间去问道:"大家想知道你的政治态度怎样?"邓中夏说到:"问得好!请告诉同志们,我邓中夏就是烧成灰,也是共产党人!"1933年9

月21日黎明,在南京雨花台下,邓中夏同志为共产主义事业英勇地献出了自己宝贵的生命。牺牲时,年仅39岁。

邓中夏用自己的光辉事迹,诠释着上海大学"自强不息"的校训,这让我对校训有更深层次的理解。我们每个上海大学的学生体内都传承着革命烈士的红色基因,作为接班人的我们,要从内心深处认同革命精神,向革命烈士致敬。

励志图强

1994年新的上海大学组建成立,继承了老上大的革命精神,正如邓中夏那般,敢闯敢拼,在高等教育中走出了一条属于我们上大人自己的道路。大学的一切对于我来说都是那么新奇,从生活到课堂,和高中生活相比是截然不同的,尤其是先进的三学期制度,正如钱伟长老校长所期盼的那样,最大程度上锻炼了我们学生的自主学习能力。在有限的时间里我们学到了更多的知识,这不仅是知识上的学习,更是能力上的锻炼。

高中的我曾无数次憧憬大学生活,而上海大学不仅满足了我对大学的所有期望,还给我带来了各种意外之喜,学校提供的各种学习平台,安排的丰富的课外活动,都开阔了我的视野,丰富了我的学识。

学习方面,上大给我们提供了一套成熟先进的教学培养体系,帮助我们从一个高中生慢慢转向一个大学生。上大的老师都十分认真负责,真正做到了为人师表,老师们也很平易近人,亦师亦友。其中很多学术"大牛"都在本科一线教学,我们作为学术小白,可以近距离接触到每个行业走在前列的先辈,这在别的大学是少有的。

日常生活中,学校给我们提供了完善的基础设施,最大程度上保证了我们生活的舒适性,丰富多彩的校园活动也给我们的生活增添了许多色彩。就个人而言,我每周都会去参加学校的飞盘活动,这不仅是一项体育运动,更是一个社交活动,从本科生到教授,每个人都可以参与其中,都可以在这里收获属于自己的快乐。几乎每个周末下午,你都可以在学校的操场上看到大家奋力奔跑的身影,听到声声呐喊助威,处处洋溢着青春的活力。

薪火相传

在 2022 年寒假回访高中母校的活动中,许多高中的学弟学妹对上海大学的各个方面都表现出浓厚的兴趣。我们结合自己在学校的学习生活、经历、参加的活动等,给学弟学妹们介绍我们眼中的上大。在宣讲中,我们提到了"自强不息""先天下之忧而忧,后天下之乐而乐"的校训,这与我的高中——长沙市明德中学"艰苦真诚"的校训有着异曲同工之妙,引起了学弟学妹的强烈共鸣。与此同时,长沙市明德中学也是一所具有丰厚历史底蕴的中学,也涌现出了黄兴、任弼时等大批革命志士,红色的基因在我们两所学校中得到了很好的传承。

在上海大学的生活还有两年,乡曲之情,履践致远,同乡邓中夏烈士的事迹一直激励着我,我会在接下来的时间里将"自强不息"的上大精神融入生活,让自己的大学生活焕发不一样的色彩。

源起传承　缘起青春

2021级　社区学院　余婕

东海沁人心脾的风旋转而升腾，裹挟着的红色精神吹过崇山峻岭，吹过江河湖海，为彩云之南的青年增添了一株株梦想的火花。源起上海大学的这株小小火花，点亮了我整个青春的奋斗之缘。

似远非远，几个月前，初见上海大学录取通知书，感动之余，恍然大悟。那精美的纸张上写着的不只是我的名字，还写满了伴随我青春之路的上大精神。时光来复去，我们的"缘"，或许早已刻在了这所高校源远流长的红色历史中；思绪轮回转，源起传承，缘起青春，我想把上大说给你听：

余婕

浩气长存，经典不朽。上海大学同我的渊源，似乎是从两首深入人心的校歌开始的。

曾兼任五华中学国文教员的朱自清先生在70多年前撰写的五华中学校歌，如今仍在我的高中母校飘扬："千里英才，荟萃一堂；春风化雨，弦诵未央；坚忍和爱，南方之强。五华万寿无疆！"催人奋进、引人深思的同时描绘了一幅青少年们求知若渴的奋进景象，描绘了中国教育发展的理想蓝图。

而在90多年前，朱自清先生曾被正冉冉升起的上海大学聘请到校任职任教。或许,从五华中学到上海大学,就是在这十多年的时间里,一位良师,一首校歌,不知为多少心向祖国的砥砺者指明了不懈奋斗的方向,不知为多少奔赴大学学府的小小少年在中学时代就搭建起了梦想的桥梁。我,亦是其中一员。

今天,日月星辰伴随七彩祥云,在中国的上空冉冉升起,"一个共同的昨天,长江边我们奠基打桩;一个共同的明天,东海上我们托举朝阳",时代青年高唱上海大学校歌,在中国的潮流中奔腾不息。"一个共同的寻觅,知识让我们张开翅膀;一个共同的目标,信念使我们步伐铿锵",上海大学校歌悠扬的旋律浸润着我心底那份淳朴的爱国情怀,让我慢慢萌生了自强不息的奋斗精神,更使上大学子们充满信心地去继续谱写校歌中薪火相传的美好未来。两首校歌之间,是播种与收获,是溯源与传承,更是过去与将来的最真实的写照!

大江东去,拨云见日。上海大学与我的不解之缘,似乎也深深地融合在百年的历史里。

一面红色的砖墙将我带回1922年的那个秋天。"文有上大,武有黄埔"的美誉传遍中国,书香氤氲的上海,我看见了邓中夏先辈从伟大的工人运动的大潮中走来。作为老上海大学的总务长,他将"本大学以'养成建国人才,促进文化事业'为宗旨"贯彻到底。如今,邓中夏曾制定的学校发展规划、草拟的上海大学章程已经"润物细无声"地融入了上海大学将近百年的历史丰碑中。而我正是因为相信这种精神,选择了不忘初心,选择了不断传承。

一座钱伟长校长的雕像将我带回1994年的上海大学。"自强不息""先天下之忧而忧,后天下之乐而乐"的校训早已融入我们的血液,滚滚流淌、生生不息。四校合并,四方青年汇成合力,追随着钱校长"为了中华民族的繁荣富强,我要献出全部学识智慧"的激情热血,上海大学成了炽热的思想"洪炉"。恍惚间,我看见了那年焕然一新、在薪火相传中前进着的上海大学无比的美丽,我看见了钱伟长校长站在春风吹拂的校园里笑容满面、意气风发,我看见了上海大学一届届的莘莘学子追逐旭日东升、翱翔星辰大海。

一枚闪闪发光的白玉兰形状的校徽将我带入2022年的上大溯园。如今,上海大学已经掸去将近百年的尘土,接受了新时代雨露的洗礼,以一个崭新的面貌站在世人的面前。它很年轻,拥有一颗敢于接受新鲜事物的赤子之心;它又很成熟,拥有跨越世纪的奋斗历程。静静走遍校园角落,运动场边,金黄的银杏叶和奔跑的青年交相辉映;教学楼里,斜照的阳光与思维的火花碰撞杂糅。2022年是上海大学建校100周年,我们有理由相信,在下一个一百年,这所高校,这万千校友,一定还会为中国描绘出更光明、更辉煌的明天。100岁的上海大学,风华正茂!

脚踏实地,仰望星空。上海大学与我的千丝万缕,似乎就是薪火相传的结果。

脚踏实地时,"九层之台,起于累土;千里之行,始于足下"。回首我从向往到圆梦的过程,上海大学这几个字不仅代表着理想的起点,而且早已成了我的一种责任。这种责任,出现在我学习、生活的每一个角落。在大学的奋斗目标上,上海大学同我的姓名一起被张贴在每日可见的班级门口;塞满美梦与未来的枕头底下,那本充斥着芬芳的上海大学招生宣传册陪伴着我似箭般飞逝的光阴。还记得第一次从听到上海大学的名字时,透过镜子前这个小小少年闪烁却坚定的眼神,我明白"成功的背后,永远是艰辛努力",我明白自己找到了默默奋斗的方向。回想起上海大学学长学姐在"回母校宣讲实践活动"上慷慨激昂的言语,我感受到"榜样的力量是无穷的",这一股强大的力量敦促我去为之努力,全心全意,永不停歇。

仰望星空时,"且将新火试新茶,诗酒趁年华"。展望我从一个梦想迈向另一个梦想的春夏秋冬,我一定会与上海大学一路向伴、携手同行、大有可为。因为我的样子,就是上海大学的样子;青年的样子,就是中国未来的样子!面对有着一切可能的未来,上大做到了使一代代人薪火相传、生生不息,做到了后生可畏、奔流不息。今天,我把上大说给你听,后浪的崛起,后浪的传承,势必会吸纳着前辈们曾经奋斗的经验,让中国拥有更加美好的远景蓝图。

长江奔流入东海,乘风破浪;祥云飘扬向远方,繁荣景象。"江山代有才人出,各领风骚数百年",上海大学的红色基因,源起传承;中国青年的不忘初心,缘起青春。

我们高举着上海大学的火炬

2021级 社区学院 钱程

"万人都要将火熄灭,我一人独将此火高高举起。"

——海子

钱程

我翻开书本,细细地抚摸着早已泛黄的纸张,每一行字都在讲述着一个个温存的故事,故事里的上大,历经近百年风霜,犹如一把火炬,点燃了寂静的夜,为了她的熊熊燃烧,革命者以生命与热情作为燃料,思考者以革新与教育作为屏障,实践者以努力与践行作为传承,使得这一红色的火焰,在百年中从未停止过传承。

一百年前,在那个动荡不安的时代里,上海大学却作为一粒种子,挣扎着撑开了厚厚的泥层,向腐朽的世界展露她的新叶。那狂风骤雨不会使她屈服,只会带给她生命的滋润;那电闪雷鸣不会叫她胆怯,只会奏响她奋进的凯歌。

一百年后,在这个和平安康的年代里,上海大学已长成参天大树,给莘莘学子们带来一片绿茵,学子们整齐划一的朗朗读书声滋润了她的躯干;教师们严谨深邃的谆谆教诲激发了她的活力。如今,她依旧在为国家培养一批又一批的优秀人才,为新中国的建设做出自己的贡献,一代代上大人,从上海大学,走向新中国。

明光·岂因祸福避趋之

将上海大学这粒种子埋在土地里,认真呵护她的,正是一个此前不久掀起中国革命浪潮的新政党,一个由马克思主义作为其指导思想的、诞生于新文化运动的政党,那就是中国共产党。1922年10月23日,上海大学作为一所由中国共产党与国民党合作创办的大学横空出世。可以说,上海大学的诞生从最开始便是充满传奇的,一批具有先进思想的革命家或出任教授,或亲自指导;一批热血激昂的进步青年或积极报名,或出资协助,在那个动荡的年代中守护着这充满活力的红色火焰。

由于有着先进的马克思主义作为指导思想,上大人在黑夜过后也成了第一批思想得到解放的先进分子,他们奔走于上海乃至中国各地,为革命事业肝脑涂地:施蛰存黾勉力行,良师益友共相协;薛尚实少年意气,几经磨砺玉始成;刘披云夙兴夜寐,一点火种耀南方……他们用自己的奋斗,在上海大学的历史上留下了浓墨重彩的一笔。那个时期,上大人蹈厉奋发,风雨兼程,不仅是为了上海大学的顺利建成,同时也是为了一个处于危难关头的中国,坚持在晨曦中赶路,坚持在风雨中拼搏。

传承·会当水击三千里

历史的车轮总是会行驶过不少坎坷不平的道路。1927年5月,上海大学被强制关停,在此期间,多少惨案频起,多少热泪横洒。

四一二反革命政变后,国民党反动派更是变本加厉,通缉抓捕上海大学的无辜学子,此恶劣行径立刻引起全国各地群众的声讨,不同人士均以自己的方式帮助上海大学,也正因如此,纵使有着艰难险阻,纵使校舍被强制关停,上海大学的有志之士依旧活跃于救亡图存的第一线,在他们的眼里,与反动派的斗争何尝不是一种课堂,给老百姓的演讲何尝不是一种作业!上大学子将自己在学校中所学习到的一切先进的思想、一切悠久的传承,以及对上海大学深深的爱,分享给处在革命浪潮中的中国,他们敏锐地发现:整个中国的人们,已经开始苏醒了,越来越多的人们走出家园,拿起武器,加入了打倒侵略者、打倒压迫者的队伍中。这其中,上海大学的他们,不仅起到了重要的引领作用,同时也亲身参与了这支浩大的队伍。

终于,在多方努力之下,新上海大学于1994年正式成立,新上海大学保留着1922年的老上海大学的名号,由四所学校合并而成,首任校长由上海工业大学校长钱伟长先生担任,我们很欣慰地看到:纵使经历了长达半个世纪的艰难坎坷,上海大学也从来没有放弃过对于初心的坚守,数不胜数的上大人为新中国的成立宵衣旰食,或投身科研,或奋战教育,或为祖国的命运而思索,或为国家富强的道路而迸发。在新中国的建设中,上大人一直孜孜不倦地奉献着自己,传承着上大独有的精神。

溯源·平芜尽处是青山

如今,我漫步在上海大学内,看着道路两旁高大的香樟树,看着作为百年见证的溯园,不禁感慨时光荏苒,历史的厚重感是很难用文字来叙述的。虽然已有百年之遥,但老上海大学的红色基因依旧在如今的上海大学中体现得淋漓尽致,我们谨记前辈们的奋斗历程,从他们的手中接过火炬,依旧为了上海大学的新未来以及中国美好富强的明天而努力奋斗。

3 000余名教师、30个学院,不胜枚举的优秀学子们齐聚一堂,未来属于青年,希望寄予青年。习近平总书记在庆祝中国共产党成立100周年大会上发表重要讲话,对新时代中国青年寄予深厚的期许和深情的嘱托,成为我们未来奋斗的宗旨和方向。我们并不止步于过往的成就,牢记着"一山更比一山高"的训诫,不断挑战自我、提升自我,以"先天下之忧而忧,后天下之乐而乐"为己任,以朝气蓬勃的上海大学作为出发,为祖国培育优秀的、自立的、爱国的新一代青年。我们坚信,纵使前路百万般,平芜尽处是青山。

回望过去,我们已走过百年的路程,走过衰败,走过繁荣,看见过蝇营狗苟,也看见过花团锦簇;展望现在,我们立足于时代的聚焦点,付出辛劳,付出汗水,收获的会是灯彩佳话,收获的会是不忘初心。那红色的火炬依旧在燃烧着,曾经点亮的是风雨之中令人胆战的黑夜,如今照亮的,是上大人百年不曾更改的执着。上海大学的学子们将继续高举着燃烧不息的火炬,将光亮带到更多的地方。

薪火相传　生生不息

2021级　社区学院　杨千一

老上大创办于1922年10月,新上大组建于1994年5月。2022年是红色学府上海大学建校100周年,久久溯源,百年传承,时代虽在变换,但红色学府承前启后、艰苦奋斗、自强不息、继往开来的精神却一直在传承。回望漫漫征途,一代代上大人在救国图强的家国使命中传承着上大精神,如今,我想把上大讲给你听。

上海大学的校训是"自强不息""先天下之忧而忧,后天下之乐而乐",这是钱伟长老校长寄予我们后代的期望。作为一名大一新生,在刚刚开始了解上海大学之时便听说了钱伟长老校长。

杨千一

那时的我只是浅薄地知道了钱伟长老校长是新上海大学的首位校长,校园里有以钱老名字命名的"钱伟长学院""钱伟长图书馆",学校门口石碑上的"自强不息"是钱老所题,校园里的建筑布局是钱老规划……那个时候仅仅是觉得钱老对于我们学校一定有很大的贡献,但在后来的一次活动中,我对钱老有了更加深入的了解,也让我对新老上海大学精神传承有了一次全新的、更加深刻的认识。

2021年10月,我参加了上海大学"大师系列"校园剧《钱伟长》志愿服务活动。我在圆满完成了自己的任务之后便迫不及待地进入会场观看我们上海大学上海电影学院的同学们的表演。如果说刚开始看的时候是抱着好奇的心态,那么接下来舞台上的演员们展现给我们的一幕幕都令我感到钦佩、惊讶和感动。该校园剧向我们讲述了钱伟长从青年时期上大学期间到他晚年担任新上海大学校长时的故事,每一个时间段的钱老都给了我不一样的感受,让我不再只是像刚入学时一样仅仅知道其名,而是被其事迹深深感动。一想到钱老是我们的校长时,我的内心便充满了骄傲!

钱老高考后被清华大学录取,同年9月18日,发生九一八事变,钱伟长决定弃文从理,从历史系转入物理系。当初钱老从历史系转入物理系的过程中经历了太多艰辛。年轻的钱伟长是标准的物理"学渣",高考时物理成绩仅仅5分,因此第一轮就被淘汰了。钱伟长不死心,跟在清华大学物理系主任吴有训身后软磨硬泡整整一个月,脾气倔得像头牛,说什么都要转专业学物理,不到黄河心不死。他这种不放弃的劲头儿终于感动了吴有训,吴主任答应他转专业,但是要求钱伟长必须在一年时间内把数理化三门学科的成绩提高到70分以上。钱伟长就此全身心投入物理学,结识了后来的数学家华罗庚以及很多物理学家,在榜样力量和自身毅力的作用下,四年之后,钱伟长从一个数理化"学渣"一跃成为数理化"学霸",尤其是物理学成绩,竟排在全系第一。钱老当初转专业就是认识到了我们国家的飞机大炮不如其他国家的先进,他认为那时国家需要有人推动这方面的发展,正如他所说的"国家的需要就是我的专业",这也真实地反映出钱老"先天下之忧而忧,后天下之乐而乐"的胸怀。也正是因为他在清华大学学习的这段日子,使得后来钱老在新上海大学的校训中加上了"自强不息"。

1935年12月,钱伟长参加一二·九运动。1936年,参加了中国共产党领导下建立的抗日救国组织"中华民族解放先锋队"。1939年,赴昆明在西南联大讲授热力学,并与孔祥瑛结婚。1940年1月,考取中英庚款会的公费留学生。1946年5月,钱伟长回国,应聘为清华大学机械系教授,兼北京大学、燕京大学教授。回国后的钱伟长一如当初立鸿鹄志、做奋斗者的热血青年,为我国各项事业做出了卓越贡献,他也是中国近代力学奠定人。直到1994年5月17日,经上海市政府任命,钱伟长继任为上海大学校长——又到了钱老与我们上大学子息息相关的部分了。

国人对于大师、名人往往有一种膜拜、敬畏的感觉,人们眼中那个满身荣誉、为了祖国的发展做出巨大贡献的钱老似乎总是神圣的、高高在上的,但其实我们可以认识另外一个可亲、可敬、可爱的钱老。晚年的钱老总是喜欢让妻子为他做八宝饭,还很喜欢串门、听会。我们上海大学有一个颇具特色的三学期制,这是钱老特意为上大的学生设计的,引进西方国家的学习制度,为的是能让学生有更多的自我学习的时间,培养学生合理分配自己时间以及自律的能力,钱老还亲切地询问老师们对于三学期制的看法。从前面我们可以知道,上海大学的建筑布局都是由钱老亲自规划设计的,钱老说要在教学楼与教学楼之间建个走廊,这样当碰上刮风下雨天,我们学校的学生就可以体体面面地去教室了。事实证明,走廊真的给了我们很多方便。更贴心的是,钱老说他和妻子一起出来时因为妻子上厕所而等很长时间,后来他了解到学校里女生上厕所的时间几乎是男生的两倍,所以上大校园里的女厕所要比男厕所多……钱老作为校长,是在真真切切地为学生着想,为国家培育栋梁之材,让每个人都能够为祖国出力,让自己的人生价值闪闪发光!

剧幕结束之后,我泪湿眼眶,不仅仅是为钱伟长一生的传奇事迹而感到钦佩,更是被其大师风采所感动。这部剧真正地让我认识到了传承离我们并不遥远,并不只是嘴上说说。我相信,钱伟长老校长的深厚内涵足以打动我们,一代人有一代人的长征,一代人有一代人的担当。生逢其时,重任在肩,薪火相传,生生不息!

游·红色上大

2021 级 社区学院 王佳拓

亲爱的朋友,大家上午好,这里是泮池旅社的王导。孔子曰:有朋自远方来,不亦乐乎?今天,我代表泮池旅社非常欢迎大家来到百年学府——上海大学。现在,让我们一起走进上大。

相信大家从门口看到"上海大学"四个大字的时候就已经被这所大学深深吸引。其实,那一撇一捺都是江泽民同志题写的。这是他对上海大学寄予的期望,他期待上海大学能成为一所优秀的以城市名字命名的大学,他期待上海大学成为广大青少年成长为祖国栋梁的地方,他期待上海大学能延续过往优秀的红色文化,

王佳拓

成为红色精神传承和发展的地方……现在,就请大家紧跟我的步伐,一起走进迷人的红色上大。

上大之景,是充满红色的。如果说,认识一所大学要从校史讲起,那么,认识上大,就要从溯园开始。从学校南大门进入校园,映入眼帘的不仅有正前方排列整齐的教学楼群,更加吸引眼球的是位于东侧的溯园。相信你们来到上大之前都已经听说过这个"网红"打卡地了,现在,就让我们一起来认识她:

溯园,是"溯源"的谐音,也就是追根溯源的意思,是为了纪念1922年到1927年的上海大学而建,意寓追溯传承前代之办学理念与精神。溯园由四面

弧形的墙体、校址地图广场以及从广场中心向外发散的环形小道组成,形同年轮;不同方向的墙体高低起伏,象征着老上大之风起云涌、波澜壮阔;园地中心的校址地图广场和青砖碎石小道,隐喻着老上大之鹤鸣九皋、筚路蓝缕;园区的出口处,从源于石库门的"弄堂大学"通向现代化的新上大校园,昭示着新上大与老上大之薪火相传、勇往直前。溯园的中心是校址地图广场,标注着老上海大学曾经的多个校址的位置。弧形的墙体以大事年表的形式,演绎了老上大从建校、发展、变迁直至被迫关闭的过程。墙体上镌刻着老上大的大学章程和校友名录,由美术学院雕塑系蒋铁骊、王建国教授团队所创作的四组大型浮雕作品《欢迎于右任校长》《平民夜校》《李大钊演讲》《五卅运动》共同组成并勾勒出老上大曾经的辉煌。位于广场中心的是2018年树立起来的一组人物雕像《恰同学少年》,由蒋铁骊教授团队创作,展现的是20世纪20年代老上海大学女学生的青春活力。除此之外,钱伟长图书馆和伟长楼也是红色上大之景。这些上大特有的红色景观都是上大独有的浪漫,值得我们大家细细品味。你是否在感叹建筑之美的同时也在思考上大红色精神究竟是什么呢?现在让我们继续欣赏下去吧!

上大的红色精神,是自强不息的。上海大学的校训是"自强不息""先天下之忧而忧,后天下之乐而乐"。这并不只是口头上的一句简简单单的话,而是一生永远刻在上大人脑子里的上大精神。1922年10月23日,老上海大学创立,在那样特殊的年代,上海大学也被赋予了时代的使命:无论是上海大学为革命献身的第一人黄仁,还是高呼"打倒帝国主义!中华民族解放万岁!"在五卅运动中不幸遇害的何秉彝,抑或"牺牲对我来说并不可怕"的刘华,他们都是上海大学培养出来的最优秀的学生,他们的英名如天上的星星,永远发光闪烁!上海大学的红色基因,生生不灭;革命精神,代代相传!

红色基因永世不灭,凤凰涅槃,浴火重生。当今的中国已是太平盛世,无须我们为革命献身,但我们仍旧需要自强不息来助力中国梦的实现,需要我们未来的栋梁去应对、去担当,这是新上大人的时代使命,而新上大人也在不断为之努力着!新上大人的自强体现在早晨迎着微光赶往教学楼、图书馆的脚步中;新上大人的自强体现在操场上借着夕阳的余光跑步的潇洒背影;新上大人的自强体现在守得住寂寞敢于科创的实验人身上;新上大人的自强体现在为学生着想的各种制度中……上大新青年理应肩担重任,不负使命。青年学子的家国情怀正在汇聚成为中华民族伟大复兴的先锋力量。展望2035,我们唯有接续奋斗,笃实研学,乘势而上,在担当服务国家战略的使命中,谱写属于新时代大学生的青春华章!"自强不息""先天下之忧而忧,后天下之乐而乐",新上大人将传承好上海大学红色基因,为2035年基本实现社会主义现代化贡献自身的力量。锚定青春坐标,锻造爱国担当的上大品格,把爱国情、强国志、报国行融入实现中华民族伟大复兴的奋斗中。新上大人,会不断努力自强,继承老上大人的红色基因,创新性地发扬,助力中国梦,有我上大人!

最后,让我们以一首简单的诗歌来结束今天的上大之旅:

星辰流转,岁月不居,
上大学子勤奋为学、爱国荣校。
红色基因传承在新时代的上大人身上,
赓续红色基因,传承百年荣光,
与时代同行、与祖国共进。
上海大学,
始终将奋斗与拼搏与民族和国家紧紧相连。
敢为人先,与时俱进,
凝心聚力,接力奋斗,
我们在勇立潮头中践行
"自强不息""先天下之忧而忧,后天下之乐而乐"的校训。

今天的游红色上大活动到这里就结束了,相信大家都不仅大饱了眼福,而且了解到了上海大学特有的红色精神,受到了上海大学红色精神的熏陶,大家肯定都收获良多,感到受益匪浅。2022年是红色学府上海大学建校100周年,让我们一起祝福这所以城市命名的红色学府越办越好!

雏凤清于老凤声

2021级 社区学院 余意天

> 玉兰花和菊花,我都想要。
> 我都想撷几朵,点缀我平凡而又不甘的生命。
> 所以我遇见了你。
>
> ——题记

冲天香阵透长安,满城尽带黄金甲。

菊花迎风怒放,美不胜收。不时传来鸟儿清脆的鸣叫声,让人陶醉。

时值上大菊花节。朵朵菊花,开在了这所以"玉兰花"为校徽的上海大学里。

他们说,菊花节是为了展现上大人昂扬向上、自强不息的精神风貌。而"红船""初心""使命",则彰显了百年上大不变的红色基因与传承。

菊花万里上大路,雏凤清于老凤声。

正是有老上海大学的"老凤"们的初心未改、砥砺前行,才有了我们"雏凤"脚下的这片沃土。

余意天

生活在这片沃土上,"老凤"身上的红色基因留下的印记随处可见:一圈圈溯园中的年轮,追溯到那段峥嵘的岁月;一句句铿锵有力的誓言,彰显着那段战火纷飞的时光;一簇簇迎风怒放的菊花,迸发出他们顽强孤傲的激情……

上大播撒了革命的火种,培养了数以千计奋发自强的有志青年;上大铸造了一批又一批的革命者,献身于那段充满硝烟的烽火历史。

"老凤"们遗传给我们的,太多太多。

老上大基因里有信仰,能够使我们"不畏浮云遮望眼";老上大基因里有定力,能够使我们"咬定青山不放松";老上大基因里有成功之道,能够使我们"柳暗花明又一村"。

老上大的红色基因根植于一批又一批革命先烈用鲜血染红的那片泥土中,传承于一代又一代上大人不懈奋斗的事业中,与每一个上大人情感相连、命运相系,是每一个上大人精神的归宿、初心的原点。

不啻于溯园,倾听那一抹红色基因在戎马倥偬岁月里的回声,"老凤"们的声音苍劲有力,振聋发聩:

"打倒一切帝国主义,打倒一切军阀"是黄仁在就义前的高呼;"尽我这残生,继你的素志,为革命而战"是何秉彝高亢的呐喊;"稚子可教也!"是于右任老先生在接手上海大学时欣慰的感慨!他们是一批批有血有肉的英雄人物,他们的名字时刻回响在我们的耳畔。他们的名字是老上大精神传承的载体,激励着我们每一个上大人奋发图强。

之前看帖子,有人嘲讽,新的上海大学和老上海大学只是名字一样罢了。我嗤之以鼻的同时,在下面回复道:

"老上海大学创建于1922年10月,新上海大学合并组建于1994年5月。变的是时代与地点,不变的是红色学府承前启后、继往开来、艰苦奋斗、自强不息的精神。春华秋实,生生不息。"

写到这里,突然记忆回溯到我在学校看话剧《钱伟长》的时候——钱老的和蔼面容浮现在我的眼前:

1982年,古稀之龄的钱伟长在自己人生的最后阶段,选择了以教育家、大学校长作为自己最主要的职业身份,并以他对教育之功效的深刻认知,忘我地投入上海工业大学以及后来的新上海大学的建设和发展中。

钱校长坚定地说:"我希望国家强大起来,强大要有力量,这力量就是知识。"

大学梦是钱伟长暮年之际最铭记心头的梦。钱伟长来到上海,以办大学为事业后,千思万虑的问题是:如何建造一流的大学,如何培育出一流的人才。在感慨中国一流科技人才的匮乏时,钱老把眼光投向了教育。

因为那时的中国早已告别救亡图存的艰辛年代,但依然还有很长的路要走。无论是内忧还是外患,都亟待千千万万受到良好高等教育的国家栋梁去担当、去应对。钱伟长曾对着未来一代又一代的上大学子说道:"那么多假冒伪劣的东西,你们忧不忧?我们自己没有航空母舰,你们忧不忧?"胸怀大学梦的钱伟长还说过:"我们的国家是有希望的,希望在你们身上。"

是的,希望就在大学中,就在一代又一代的学子身上。"雏凤清于老凤声",长江后浪推前浪,青出于蓝胜于蓝。

我们是新青年,是新一代的上大学子。时光流逝已近百年,红色往事仍然历历在目,如利刃之新发于硎。如今,我们是最具朝气的模样,犹如百卉之萌动。我们不能忘却这河清海晏背后的厚重历史。我们站在伟人之肩,为的是能站得更高,看得更远,而非享受与贪图安逸。

我们是最具有朝气的"雏凤",我们站在巨人的肩膀上。这让我想起了那句话——"我生来就是高山而非溪流,我欲于群峰之巅俯视平庸的沟壑。我生来就是人杰而非草芥,我站在伟人之肩貌视卑微的懦夫。"

雏凤清于老凤声。虽然现在有这样的河清海晏,我们似乎可以停滞不前,似乎有了待在舒适圈的理由,但是我们不会。我们承担了太多。先人们创造的今天,不是留给我们挥霍的,也不是让我们贪图安逸的。虽然说起来似乎有些苍白无力,因为我们好像什么都没有做,好像什么都没有创造。我们不过是数以万计的上大学子中的一员罢了。

但我们心中有火,眼里有光。

因为我们的身边,不乏优秀的上大人。他们的付出,他们为上海大学的发展贡献的力量,犹如一颗颗耀眼的明珠,璀璨闪烁:创新石墨烯技术,攻克石墨烯量子点规模化制备难题,面向科技前沿深耕20年的吴明红团队;面向重大需求,研制10余个系列的上大"精海"无人艇团队;在三星堆遗址现场连续"挖土"2个月的上大考古团队;还有那些优秀的同窗学长们……

我们被这样的上大人所包围、所感染、所潜移默化,我们的内心被温暖,被融化……我们热泪盈眶,因为这脚下的土地,因此又有了昔日的温度。

恰同学少年,风华正茂,书生意气,挥斥方遒。

是的,我们坐着,我们看见,我们听到……我们的举手投足,与这所学府紧密相连。因为我们心底存在着青春的呐喊,在某一天必将迸发出激昂向上的力量。心有猛虎,细嗅蔷薇。

"自强不息""先天下之忧而忧,后天下之乐而乐",这朗朗上口的校训,若要体会得真切,还得好好揣摩,但我却着实没有什么资格去谈论它到底是什么意思。我只知道,我们是新上大的新青年,我们站在巨人的肩膀上,我们理应"摆脱冷气,只是向上走""有一分热,发一分光……不必等候炬火",去赓续老上大的精神。

"赓续"二字,却又沉重无比。

他们说,百年前,上大青年努力奋斗,一心为救国;而今,我们共同的目标,便是强国。

当我写到这里,我的心里泛起一丝犹疑:

我们,真的可以吗?

我诚惶诚恐,索性停笔,来到校园中。

秋风凛冽。回首,菊花仍在怒放,鸟儿仍在鸣叫,那声音依旧清澈透亮。

可惜我不能带走菊花,只能眼睁睁看着它们枯萎零落。

而我的玉兰花校徽,却时常洁净如新。

思上大百年有感

2021级 社区学院 张德骏

都说大学青春美好四年时,也应如此。来此秋冬将末,诸事已历,半载风光尽赏,喜乐已淡。自以为收获颇丰,仍觉一味不明,检索四处,方知回味无穷之所,不禁自嘲一二。

虽历半载,所得甚切,幸之所获,探其根本,莫过于:"百年树人"所绘。回望百年,莫不惊叹,顽强璀璨,无忘初心,但知"文有上大,武有黄埔""北有五四时期的北大,南有五卅时期的上大"之美誉,又晓"东南革命最高学府"之美名,又识杨尚昆、王稼祥、秦邦宪等英才,所思至此,于心中热流淌过,油然自豪,又念此前之才浅却自满忘之百年底蕴,自觉羞赧。

张德骏

抚平心中微微波澜,静气而思,却知所闻所思所感皆有不同。回顾以往,高中年时,于家中、校园及图书馆,皆略有浮躁,以学为苦浅尝之,唯有教师父母训导之,方才习得应学之识,余觉之甚愧。来此之后,无形之间悟以自强不息,甘于学乐,勿以物而知喜乐,不以己而觉悲怆,心无外物,唯学而已。品之数日,惊觉其故:抚页细读于心而品悟思进取,缓步观碑于心而铭记塑心神,放耳闻歌于心而悦赏直正气。因之百年传承之校风、校训、校歌,传之无形,承之有力,似春日细雨,润物无声,得以如此,感之切然。故,百年树人,润物无声。

思上大百年有感

略览校史，可知百年之前，1922年10月23日，于乱世浊暗之中，无畏惊涛风雨，上大诞生，聚之仁人志士，递以火种，以壮革命之力量。史中所述：孙中山、陈独秀、李大钊、毛泽东等关心学校建设，或担任校董，或举贤任能，或指导工作；于右任、瞿秋白、邓中夏、邵力子、陈望道等领导学校发展，或延聘人才，或规划学科，或执掌教务。足见母校之百年底蕴、革命底色。红光闪过，"红色教授"之美称映入眼帘，思此而想，瞿秋白、邓中夏、蔡和森、张太雷、恽代英、任弼时、施存统、萧楚女、沈雁冰、田汉、蒋光慈等英杰在上大传播马克思列宁主义之事迹之英姿在脑海中不禁浮现，敬佩不已。且知"养成建国人才，促进文化事业"这一办学宗旨，又忆之上大百年校史，莫不叹之，果如宗旨所期，人才济济，报效祖国，奉献社会，在马克思主义理论传播、社会科学研究、自然科学普及等各个方面都做出了卓越的贡献。平日，校园风气体现多为创新进取，而此贯穿上大之校史，与时俱进，开拓创新，改革开放以来，以开放的思想继续教育以达"面向现代化，面向世界，面向未来"，为中国特色社会主义教育事业的发展添上浓重一笔，为中国特色社会主义发展做出杰出贡献，愿称之为"树人"之校。

十年树木，百年树人。百年上大，鹿鸣呦呦。鹿鸣华苑，其知必富。仰面而目惊鸿过，俯首又睹清淼去。思意难平，吾欲深知之，且今有网络之便，故更欲见先辈之英姿，便上网觅先辈之事迹，愿以此为榜样，省之于己身，或有缺漏则加改之，或有优处则励学之。遍观群英，无不叹惋敬佩，吾辈与刘华烈士同为校友，当见其之气度胸怀甚感羞叹，家中遭遇匪灾，弟死母伤，父亲受劫，祖母病危，仍未改家国之志，舍之小家，为之大家，知家书望归，毅然复信："国家衰弱，强邻欺负，神圣劳工，辄为鱼肉，我亦民主分子，我亦劳工分子，身负重任，何以家为？须知有国方有家也。"其胸怀之大，言语难表，救国之切，锦词难述，唯有爱国之中华民族精神方能明其意！如其所言，来此，为一大幸事。红烛耀心，微火仍炽，虽火微却是光芒万丈，照亮他人，又照亮世间，正如萧楚女烈士所言："人生应该如蜡烛一样，从顶燃到底，一直都是光明的。"爱国精神深含于中，奉献精神溢于言表，"红烛"精神虽微仍大！"冲破黑暗呵，创造光明。"诗人夙愿，诗文表意，一首到《到天堂去》，听之，吾心大撼。"我知必死，望慰父老""碧血今朝丧敌胆，丹心终古照亲人"。虽死，而无惧，虽罪，仍清白，怀亘古不变之初心绝笔昭示，俞昌准烈士之操持撼天动地！自比吾身，扪心自问，自愧于平日,乃愿效先烈,学其风骨,感其气度,传其上大之精神!

尝与同舍促膝而谈,论及理想抱负,无不以修身齐家平天下为目标,愿先天下之忧而忧,后天下之乐而乐,论之愈深,则吾愧疚愈重,报国之心愈烈。来此之前,自小无有报国之志,甚羡鸿商富贾之奢靡,本愿学成经商,谋得陶朱猗顿之富,享馔玉八珍之食,乘以宝马雕车,睡于玉楼金阁,笑报国之理想,以之为沽名钓誉之举,如今思来不甚可笑。自来上大数月,逐于勤学之风,读先辈之著作,习志士之思想,深悟上大之精神,得以迷途知返,竭心尽力报效祖国,不禁慨叹:"幸甚来此!"

遍阅群英,深感其有爱国、奉献与坚定理想之上大精神,备受鼓舞。百年风雨,而今,上大仍巍然屹立,与时代共鸣,立时代潮头,自强不息,创新进取。是谓中华民族精神与时代精神相交融,汇聚一流,乃中国精神之深刻内涵。我辈青年,当以其为指引,脚踏实地、锐意进取、自强不息,内化于心,外化于行,习得知识与能力用以奉献社会,报效祖国!

所思至此,所感所悟所想颇多,自以为才疏笔陋,既无佳言锦句详述,又无大彻深义所涵,或难表真义,但吾所想如此,望有助于诸君,得以承上大之精神,付诸实践,与君共勉!

赓续百年传奇　吾辈砥砺前行

2021级　社区学院　张睿驰

岁月不居,时节如流,那百载时光于静默中不经意流逝。长河漫漫,一叶扁舟摇摇曳曳,"红色精神"四个大字写于船帆,载着沉甸甸的家国使命。从老上大驶向新上大,牵牛星和织女星相逢了一百次,春夏秋冬轮回替换了一百次,上海大学这所红色学府承前启后、艰苦奋斗、自强不息、继往开来的精神却从未改变,薪火相传。

在1922年那个风雨如晦的年代,国共合作创办了上海大学。钱伟长老校长曾说:"我们学校的历史上,1922年到1927年期间里有过一个上海大学,这是我们党最早建立的一个大学。"吾

张睿驰

听闻,初时的上海大学校舍简陋,经济拮据,但在前辈们的努力下,克服无数困难,四方有志青年求知若渴,慕名而来。上海大学进步师生就是曾经轰轰烈烈的五卅运动的重要组织者,当时的上海大学成立还不到三年,如果说上海大学有颜色,那一定是红色!"文有上大,武有黄埔",当之无愧!

为更好地了解上海大学的历史,我在图书馆中踱步,小心从书架上取下那令我心生敬意的书籍:《上海大学(1922—1927)与五卅运动》《上海大学(1922—1927)与五卅运动外文史料选辑》《他们从上海大学(1922—1927)走进新中国》《从上海大学(1922—1927)走出来的英雄烈士》。"红色学府　百年传

承"系列丛书总是引人入胜。翻开掌中的书,敬畏之情油然而生,五卅运动与上海大学,就好比五四运动与北京大学——前辈们满腔赤诚,热血奋战,几度负伤,几度坚守。上海大学是培养优秀革命干部的高等学府,在1922年的上海大学里,传授的不仅仅是知识,还有一颗爱国之心。当帝国主义伸出恶狠的爪牙,祖国的土地上虎去狼来、满目疮痍时,中共中央建立各阶级反帝统一战线,实现罢工、罢市、罢课"三罢"。上海大学的师生亦参与了这波澜壮阔的爱国反帝运动。在这众人皆惊的慌乱年代,老上海大学的成立如春雷惊蛰,向黑暗势力发出战书。

我翻阅书页,在字里行间细细斟酌,仿佛那浩大的红色爱国运动就在眼前重现。我好像听到了前辈们的高声呐喊,看到了审讯室里被捕的上海大学学生:瞿秋白的弟弟瞿景白、年仅18岁的杨思盛、在老上大读书不到半年的王宇春……他们在公堂上大义凛然,临危不惧,实乃吾辈楷模!烈士的故事,吾闻之心痛:曹渊是有着坚定信仰的共产党人,北伐战争中,他作为突击前锋,与敌人肉搏,热血抛洒,以身殉战;邓中夏是上海大学办学正规化的奠基人,在上海法租界被捕后遭受到了敌人的酷刑,满身伤痕却依然严守党的秘密,最后倒在敌人罪恶的枪声中;吴霆是共青团奉天特别支部第一书记,与两位哥哥吴云、吴震同为共产党员,他在一次执行任务中不幸被捕,获释后遗憾病逝,从老上海大学走出的吴氏三兄弟均为家乡的革命做出杰出贡献……前辈们的伟大事迹太多太多,永远值得我们铭记。兵荒马乱的时代,总有英雄挺身而出,他们不怕流血,不畏牺牲,他们有滚烫的梦想和沸腾的热血,他们用鲜血献祭革命,他们将红色基因传递!他们一字一句诉说的都是令人震撼的故事,一笔一画描绘的都是永不能忘的历史。时光辗转一百个轮回,先辈筚路蓝缕,我辈当自强不息,合上书本,我的心情久久不能平静,热血翻腾,我将赓续红色使命,始终如一!

"久久溯源,百年传承。"我走进位于学校南门处的溯园,那是当之无愧的红色基地。看着前辈的浮雕,我的脑中又浮现出过往的革命故事,墙上的字虽经日晒、风吹、雨淋,也不改旧时面貌。它讲述着革命战争年代的故事,它激励着每一个上大学子。风雨潇潇,吾辈自强。面对溯园历史悠悠,砖青瓦黛,心中烈火愈加炽热,灵魂深处的呐喊迸发!去啊,去追随先辈的足迹,去啊,去传承红色的基因,去啊,去唱响时代的歌音!走进溯园,拾级而上,轻轻抚摸墙壁上斑驳的痕迹，又想起了历史斗争中给上大师生带来的创伤。漫漫征途，上大人从不屈服，他们为了心中坚守的信仰，为了祖国奋不顾身，他们在史书上留下姓名和故事，鼓励着一代又一代的上大人。那一连串闪光的名字，如星辰璀璨，汇聚成银河守护着上海大学。

岁月长河泱泱，时代大潮滂滂，吾立于岩石之上，看惊涛阵阵拍岸，卷起千堆浪花如雪。先贤将手中的旗帜传递到吾辈之手，他们用殷殷鲜血和铮铮铁骨告诉我们什么是"自强不息""先天下之忧而忧，后天下之乐而乐"。而今，我来到上海大学已经有一个学期了，我走过早晨八点的天桥，我吹过泮池对面拂来的风，我站在J楼天台上看过晚霞，我也听过图书馆闭馆的铃声……我走过一寸寸的土地，我怀念一位位老上大的先烈，我感叹红色基因的传承，我尊敬革命火炬的传递……新上大的综合实力日渐增强，新上大传承着老上大的精神，无论是办学水平，还是整体办学条件，都十分优秀。上海大学始终秉承"自强不息""先天下之忧而忧，后天下之乐而乐"的校训和"求实创新"的校风，弘扬伟大建党精神，永葆初心、主动作为。新上大积极推进开放合作，开展了广泛的国际交流与合作，我看着上海大学校园里的白鸽载着学子的梦想飞向天际，将信念一笔一画写在云端。

从1922年到2022年，百年风华，风雨兼程，老上海大学永远值得铭记。我有幸来到一百年后的新上海大学，有幸听闻前辈的事迹。我走在校园里的林荫路上，感悟上海大学于时光穿梭中流淌的红色血脉！这血脉是纽带，连接着新老上大，连接着革命先烈和生于和平年代的我们，这些对先烈们充满敬佩新上大人。新上大的每一处角落都描上了红色，火炬交付给晚生，吾辈将这红色学府的精神薪火相承。上大人有一颗赤子之心，校园里的一砖一瓦都在诉说那百年之前的传奇。

傍晚时分，图书馆前晚霞绚烂，夕阳如血，染红了半边苍穹，溯园依然沉默，在无声中诉说往事，仿佛在提醒我们老上海大学的红色历史，告诉每一个上大学子：勿忘先人的精神，牢记家国使命。纵使面对荆棘丛生，上大学子亦不畏挑战！无论是1922年的老上海大学，还是如今的新上海大学，这红色精神从未改变，代代相传，生生不息！

与旧时光的上大对话
共新时代的上大前行

2021级 通信与信息工程学院 黄雪寒

时光洪流冲刷,无尽泥沙之下是盛世的华光。或许,我们从未亲眼见过他们,但我们深知脚下的土地是他们用自己的鲜血浇灌的;我们从未与他们有过只言片语的交谈,但奔腾的华夏血液让我们在历史的单向行进中仍能有精神上的交往;我们甚至从未得知他们中很多人的名字,但中华儿女一直是我们共同的称谓!

秋去冬来,我走进上大已有三月余。而从我在收到录取通知书里那一本《他们从上海大学(1922—1927)走进新中国》时起,成为一名新上大人,传承老上大精神,向老一辈上大人

黄雪寒

一样,为国家的发展做出自己的贡献,这个种子便在我的心里种下。

初翻此书,便被英雄瞿秋白的事迹吸引,纵未见开篇单言之,也能够从别人的眼里口中深深感到先生是位了不起的革命者。我在书中看到了瞿秋白的夫人杨之华,她在上海大学系统地学习了马列主义,参加相关工作,成为一名中国妇女运动杰出的领导者。我也听到了张治中,威风凛然的国民党上将,在克服重重困难救出被关押数年的共产党员及其家属后,对杨之华那声恳切的"师母"。他们在书上,是一行行墨字,错落间是让人喘不过气的沉重;时代重

压下彼此相连熠熠生辉的光点,星河之间,是瞿秋白先生至死未停的革命脚步。

从那时起,我便主动地去了解上海大学(1922—1927),了解这个将自己的学生、思想、一切奉献给了新中国的学府,同时,也是我即将学习四年的红色学府的开端。我从网上找到《他们从上海大学(1922—1927)走进新中国》的姊妹篇《从上海大学(1922—1927)走出来的英雄烈士》,在手指的翻动间,好像看见了革命先烈们站在盛世的背面,在风雨如晦的夜色里和蔼地微笑。再次从瞿秋白先生本人的角度,了解先生的故事,我看见先生年少有为,在陈独秀代表中国共产党赴苏联参会时担任翻译;我看见先生屡次伤病,却在养病期间笔耕不辍,一生向党;我看见先生年仅36岁,以凡人血肉之躯熬过反动派拷打,以共产党人钢铁般的意志英勇就义!我看着先生一生的坚持和在上大执教时的思想熏陶,深觉先烈们的事迹可能会在时代的洗礼中渐渐模糊,但是内在传递的那种思想与信念,是无论多少年,都能点燃光明的火种。

夏秋之交,我怀揣着对前辈的尊重与对上海大学的憧憬,走进了这所红色学府。"Become a SHUer"成为新上大人,是开学典礼上的授予;成为一名能够传承着老上大精神的新上大人,是我对自己的定位。进入了上大,让我发现在这里,不需要刻意去寻找和了解红色故事、先烈精神,这里处处都有红色回忆,整个上大都由一种有力的精神支柱撑起盛世繁华。新上大同老上大一样,在不同的时代,给予了她的学子们足够丰富和足够有力的思想教导。

刚刚开学时,我每次去教学楼都会被路过的一个标志性地点——溯园吸引。"溯"字,在阳光下发光的样子,就像前人的思想与精神光芒照在了我们的身上。沿着溯园台阶而下,老上大人的凝视更让我充满了使命感。后来,我又参与组织了上大"青马"工程的素拓环节,在电脑前,将泛黄书页上的老上大人的故事码进策划案。这是我在学习老上大精神后第一次向他人"输出"。在活动期间,我看见各班的班长和团支书们,通过一个又一个活动,体会那一代人的艰辛,坚定不负盛世的信念。我看见上大精神像一根根无形的线,如同瞿秋白的精神连接起他的夫人、学生和许多人一样,将我们新上大人凝聚在一起,并与老上大人精神共振。

在秋季学期的考试周,我取消了回去探望外公外婆的计划,留在学校并成为新冠疫苗加强针接种的一名志愿者。第二天的工作,是在留观室内,那里的

把上大说给你听

大屏幕循环播放着一个人的视频短片。那个人,依旧是为我种下精神之种的瞿秋白先生。在另一种角度的展示下,我又一次为老上大人的故事眼含热泪。以瞿秋白先生为中心,再次看到陈独秀、李大钊来到上海大学,于风雨晦暗中点燃思想的火光,邓中夏、蔡元培、章太炎等前辈们进入上海大学,传递红色思想的火种,还有无数可能无名却无法忘记的前辈们的身影与精神光芒。

新中国的儿女们,在用自己的双眼替先烈们见证盛世。我看见作为新上大人的学长学姐和教师员工们也在以自己的力量助力中华民族伟大复兴。而我,作为新一代上大人,也用着这与老上大前辈们流着相同华夏热血的身躯,尽自己所能去践行他们伟大的信念与精神。

相比起炮火连天的时代,相比起用自己的血肉染就新中国国旗的坚定,盛世中的我们,生活在老上大人或许都不敢预想的世界里。我曾听过一句话——"和平安全的不是21世纪的世界,是21世纪的中国"。我不敢在南京万人坑看苦难,不愿在客观残忍的历史剧中看那些触目惊心的数字与画面。那是那个年代的风雨重负,是对当时人身心极大的煎熬。就是这样的风雨如晦,仅仅从上海大学(1922—1927)便走出了那么多先烈,明知前途艰险,明知生还无望,也坚持自己的信念,为后人争取生存,为一片光明洒下热血。

这些离我们很近的历史不仅是一份记录,离我们很近的人不只是书上的名字和照片,更多的是他们流传至今的精神。成为一名新上大人,我皆以老上大精神为人处事。学习时翻过的书页,是与同样坐在老上大课堂里的前辈们一样的赤诚之心;日常生活中,问心无愧,坚定自己,是我将老上大精神传承到和平年代的类比与实践;在课余时不断了解更多红色故事,感受精神力量的洗礼,是我孜孜不倦吸收上大精神的脚步。

我深知对老上大精神的传承,是一个不断内化后再外化的过程,是一个长期潜移默化的习惯。我也为此时刻提醒自己,时刻不忘持续学习、领悟与实践。新上大的人们,望共勉!

百年鹤鸣

2021级 悉尼工商学院 章雪韬

章雪韬

《诗经·小雅》有云:"鹤鸣于九皋,声闻于野。"我未见过鹤鸣的景象,却也知晓峥嵘岁月里,他们曾以孤身只影,开天辟地。

于是一百年以后,在这高楼林立间,也可闻赫赫鸣响。

掩卷《他们从上海大学(1922—1927)走进新中国》,视线化作一叶孤舟停留在历史长河之中,诸多人影坚定地向我走来:王稼祥、杨明轩、周建人……化作巨浪洗刷着我的心灵上的灰尘,拨开历史的迷雾叫我看见光辉的始端;田汉、阳翰笙、李一鸣……"大风起兮云飞扬",英雄般地开创新中国的未来道路,以身作刃劈开落后旧中国缺口的第一刀;陈望道、匡亚民、俞平伯……如春雨"随风潜入夜,润物细无声",养育新中国土壤上的第一批"种子",成就山花烂漫;丁玲、戴望舒、丰子恺……让人们体会美的价值,感受美的历程,望穿老旧的黄土白墙、红砖绿瓦,写作生命的盛放;王一知、钟复光……坚守入党初心,在平凡中展现伟大。他们是英雄,是前辈,也曾是莘莘学子,是如我们一般朝气蓬勃的青年,是上海大学创办兴起的基石。

1840年鸦片战争,中国开始了漫长而艰辛的反帝反封建之路,直至1919年五四运动,仍是征途漫漫。1921年,中国共产党在上海成立,茫茫黑夜照进了希望的曙光。为了抵抗帝国主义的侵略和北洋军阀的独裁统治,中国共产党和国民党酝酿合作,共谋救国大业。恰逢东南高等专科师范学校管理不善,引发学潮,学生要求改组。在多方的努力下,国民党元老、著名教育家于右任出任校长,国民党员、中共党员邵力子担任副校长,改校名为"上海大学",为国共培养青年干部。

风雨如晦,局势动荡,上海大学在1922年的10月23日拔地而起,赢得"文有上大,武有黄埔"的美誉,即使深居陋巷,其也不失《陋室铭》中所言的"斯是陋室,惟吾德馨"。不求蛟龙腾飞,凤凰起舞,他们可谓山中仙、池中龙、涅槃凤鸟,掀起风云激荡,只求山河无恙,四海升平,"无非一念救苍生"。我望见革命的火种蓬勃生长,星星点点终成燎原之势,升起炬火光辉,直至红色的旗帜遍布华夏。

我追随地图上浅浅的痕迹上下求索,是最初青云路二排三座的小屋,是后来西摩路里弄中的红房,是遭遇查捕时东安路拼凑出的一砖一瓦,是圣堂路火车边伴着汽笛鸣响的一土一尘。1927年4月12日四一二反革命政变,上海大学被扣上"赤色大本营"的帽子,遭强行查封。然而从始至终,何陋之有?何陋之有?哪怕时至今日,模糊的轨迹被广厦万千遮掩,过往印记被百年的大雨洗刷,光芒仍延绵不断,传至而今,上海大学的每一寸又何陋之有?

如今,上海大学百年的历史化作钱伟长校长提出的"自强不息""先天下之忧而忧,后天下之乐而乐"的校训,"求实创新"的校风,将承前启后、艰苦奋斗、自强不息、继往开来的精神传承了下来,被上大学子所牢记。经费不足,校舍简陋,先辈拼闯过的层层屏障成为光荣的印记,将"敢教日月换新天"的精神刻在学子骨髓之中。

曾经的上大学子奋战在反帝爱国运动的前线,如今的上大后浪们在各个领域里持续取得成就,挥洒青春热血,用自己的行动不断将上海大学的红色精神传播出去。《红色学府》利用话剧的形式宣传百年校史,演员的身影与记忆里先辈们的背影重合,仿佛可听见钱伟长校长"先天下之忧而忧,后天下之乐而乐"的嘱托,字字泣血;上大学子宋佳媛在艰苦训练后于东京奥运会登上领奖台,将中国精神以一言一行播撒至四海;上大的志愿者在祖国各地支教,搀扶起尚且年幼的希望,未得片刻洗风尘,只留笑颜满青山。

今天,上海大学牢记"为党育人、为国育才"的初心使命,深入挖掘党史中的校史，用活用好红色育人资源。穿越历史长河，先辈们的革命精神早已融入上大人的血脉，产生精神共鸣，化为赓续不断的红色基因。2021年9月3日傍晚，上海大学体育场，来自97个国家和地区的1.1万余名2021级本科生、研究生和国际留学生新生，身着主题分别为"青春""追梦""自强""卓越"四种颜色的新生服，组成"1921""2021"两个数字，跨越百年薪火相传，共同见证了一场庄重恢弘的开学典礼。现场播放的上海大学2021年开学典礼主题视频《星·火》，以信仰之火为引，连起"少年救国志""大师报国行""并肩担大任"三个篇章，展现了自20世纪20年代"红色学府"上海大学创办以来，上大人传承至今的报国传统，激励着上大新生接过先辈重任，勇担时代使命，谱写青春华章。校党委书记成旦红教授为四位本、硕、博和留学生新生代表佩戴校徽。这是仪式，更是传承。对新生而言，接过这枚校徽，就意味着秉承"自强不息""先天下之忧而忧，后天下之乐而乐"的校训精神，更意味着接过时代重任，以青年爱国之心，行壮志报国之举。

  我们不能忘记上海大学所蕴含的精神财富。让我们以青春创建青春之校园，青春之国家，青春之民族！让红色基因和时代脉搏同频共振！

栉风沐雨传薪火　砥砺前行当自强

2021级　悉尼工商学院　周湘云

或许,你曾听过一首铿锵有力、昂扬坚定的歌曲:

> 一个共同的昨天,长江边我们奠基打桩;
> 一个共同的明天,东海上我们托举朝阳。
> 只因为一个共同的今天:
> 自强、自强,我们锻造共和国的钢梁。

周湘云

歌声琅琅,意志笃定而充满希望,赤子热血澎湃而自豪,怀着一份为国奉献,"先天下之忧而忧,后天下之乐而乐"的信念,这,便是《上海大学校歌》!

求实创新,自强不息,在瞬息万变的新时代把握机会,走好新时代长征路,勾画未来美好蓝图。新时代是奋斗者的时代,而青年正是新时代使命的"接力者"。上海大学继革命先烈之烽火,露青春学子之锋芒,引领上大学子投身祖国事业之中,勇立时代浪潮敢为先。"青年应不负时代,不负韶华,不负党和人民的殷切期望!"而上大学子"请党放心,强国有我"铿锵有力的青春誓言便已宣示出学子们强有力的拼搏决心。回望历史问初心,千秋伟业谁扛鼎?正是上海大学,自强不息,逐梦不止,砥砺前行。

上海大学历史悠久,具有浓厚的红色底蕴。回溯历史洪流,领略上大风采。《诗经·小雅》有诗云："鹤鸣于九皋,声闻于野。"20世纪20年代的上海大学,发轫于闸北弄堂,迁播于租界僻巷,校舍简陋湫隘,办学经费拮据,又屡遭反动势力迫害,但在中国共产党和国民党左派以及进步人士的共同努力下,屡仆屡起,不屈不挠。上海大学最早的校址在上海闸北青云路青云里(今青云路167弄的位置,1987年定为市级革命纪念地)。这里原是私立东南高等师范专科学校校址,因校长王理堂贪财缺德,办学完全为了中饱私囊,致使教职员的薪金发不出,学生的伙食无法供应,因而爆发了一场"倒王风潮"。1921年底,中国共产党创办了第一所学校,即平民女校,以半工半读的方式培养妇女工作的干部,校长是李达。在取得成功经验后,为加速培养更多的干部,中共总书记陈独秀决定创办一所高等学校,他曾与李大钊等人多次酝酿筹划。此时正值东南高等师范专科学校事发,党中央研究后,决定接受师生们的要求,将东南高等师范专科学校改建为上海大学。1922年10月23日创立的上海大学,可谓中国共产党与国民党共同创办的一所高等学府。学校克服种种困难,艰难办学,吸引四方热血青年影从云集,为中国革命和建设汇聚、培养了一大批杰出人才,赢得了"文有上大,武有黄埔""北有五四时期的北大,南有五卅时期的上大"的美誉。白驹过隙,时光荏苒,上海大学承前启后,艰苦奋斗,用自身的拼搏向世人诠释"自强不息"的精神品质。1994年5月,新的上海大学由上海工业大学(成立于1960年)、上海科学技术大学(成立于1958年)、原上海大学(成立于1983年)和上海科技高等专科学校(成立于1959年)合并组建。新上海大学的广大师生立志继承与发扬20世纪20年代老上海大学的光荣传统,为建设中国特色社会主义做出更大的贡献。著名的科学家、教育家、杰出的社会活动家、中国科学院资深院士钱伟长教授于1983年出任上海工业大学校长,1994年至2010年担任上海大学校长,他独树一帜的教育思想和治校方略开创了学校思想解放和学术繁荣的新局面,推进了学校各项事业的新发展。百年继往开来,百年生生不息,上海大学步履坚定,目标长远,以自强不息谱写春华秋实,以求实创新书写人才荟萃。

心有大我,至诚报国。心怀寰宇,志在四方。上大走出的卓越前辈,英雄校友,如北斗永远闪耀在我辈的天空,照亮着一代代学子奋斗前行的道路。上大系主任一级的人物有:张君谋任文学系主任,洪野任美术科主任,何世桢任英国文学系主任,侯绍裘任附中主任等。而到校任教的几乎都是国内有名望的政治名流和学界精英。教师有恽代英、蔡和森、萧楚女、任弼时、杨贤江、侯绍裘、蒋光慈、朱自清、叶圣陶、曹聚仁、周建人、施存统、沈雁冰、田汉、朱光潜、周越然等。来校讲演的有李大钊、章太炎、戴季陶……其中,在1923年6月22日,瞿秋白经李大钊推荐,正式接受于右任聘请,担任上海大学教务长一职。2019年1月29日,是瞿秋白诞辰120周年纪念日,《人民日报》在当天发表了署名为中共中央党史和文献研究院的纪念文章,提到瞿秋白"同邓中夏等同志一起创办上海大学,担任教务长、社会学系主任等职。他注重结合实际进行马克思主义理论教育,创新教学形式方法,使上海大学成为国共合作创办的新型学校。在他的影响下,上海大学培养的许多学生走上了革命道路"。一腔赤诚,百折不挠,这,是瞿秋白用生命所诠释的革命精神。以"养成建国人才,促进文化事业"为宗旨和目标,邓中夏殚精竭虑,呕心沥血,任上海大学总务长(后改称为校务长),通过一系列卓有成效的措施,使"上大"由一所并不起眼的弄堂大学迅速发展成为名家学者齐聚,并深为青年学生仰慕的著名"红色学府"。"一支笔胜过十万毛瑟枪",怀拳拳爱国之心,于右任1922年10月23日于上海大学就任校长一职,为教育事业做出重大贡献。于右任曾不无感慨地说,我"思以兵救国,实志士仁人不得已而为之;以学救人,效虽迟而功则远"。故立言"欲建设新民国,当先建设新教育","讵意莘莘学子,环而请业,拒之无方,而上海大学之名,遂涌现于中华民国之新教育界中"。

《从上海大学(1922—1927)走出来的英雄烈士》中,无数位英雄革命先辈光辉的身影浮现眼前,化作一盏盏明灯为我辈指明前进的道路。"那边是天堂,大家都想着进去;去享受那人间的甘露,去学习那天上的规章。这里是地狱,囚着那蓬头垢面的人群;都是那被压迫被剥削的,劳苦大众的姐妹兄弟!我暂时不忍离开那苦难的兄弟姐妹,我要帮助他们,冲破黑暗呵,创造光明。"是他,为"冲破黑暗,创造光明"而奋斗的俞昌准。俞昌准18岁时进入上海大学中学部学习,在党组织的教育和侯绍裘、恽代英、萧楚女、瞿秋白等共产党人的影响和引导下,俞昌准在学习文化知识的同时,很快接受并信仰马克思主义。这一年的秋天,俞昌准在上海大学加入了中国共产主义青年团,1926年,转为中国共产党党员。1926年夏天,党组织决定派俞昌准赴苏联学习,但俞昌准却向党组织表示,愿意回到自己的家乡安徽南陵去开展党组织工作和发动农民运动。党组织经过慎重考虑,同意了俞昌准的请求。1928年1月,在俞昌准等人的领导下，南芜边区苏维埃政府在谢家坝宣告成立，俞昌准担任主席。这是大革命失败后，安徽诞生的第一个红色农民运动政权，是在严重的白色恐怖下树起的一面红旗。这个政权的成立，极大地鼓舞了当地民众的革命士气。后来，俞昌准又在安徽大学以学生身份作掩护，领导和组织开展了学生运动，担任共青团怀宁县委书记，成为青年学生运动的领袖。"匡复有吾在，与人撑巨艰；忠诚印寸心，浩然充两间"，五卅运动的领导者之——蔡和森来到上海大学担任教授。1925年五卅运动爆发，蔡和森是这场革命运动的领导人之一。他率先在党中央会议上提出"要把工人的经济斗争与目前正在蓬勃发展的反帝斗争汇合起来"，主张5月30日在租界组织大规模的反帝示威游行。党中央采纳了他的意见。"五卅"反帝爱国运动成为轰轰烈烈的大革命高潮到来的标志，蔡和森在这场运动中表现出卓越的领导才能。也正是这场斗争，使蔡和森成长为杰出的群众领袖。

可见上大革命前辈的至诚至真爱国情、勇敢无畏报国心，他们在为中华民族谋复兴的道路上砥砺前行，跋山涉水不改一往无前，山高路远但见风光无限，以"敢教日月换新天"的气概，以"千磨万击还坚劲"的意志，带领上大师生投身建国事业，创新实干，闯出一片新天地。这，便是上大人的精神，是当今我辈学子的精神榜样，也应是我辈学子心之所向。上大怀革命精神，传承红色基因，以革命前辈为精神炬火、信念明灯，培养代代爱国优秀学子，这便是一个中华民族的大学理应有的模样！

在上大，卓越学子荟萃一堂，一同攻克学业难题，一起欣赏月朗风清，共同为祖国富强而奋斗。在上海大学，你可以认识自强不息的广大卓越学子，与他们一同积极奋斗，寻找人生的意义。于我，我作为上大新时代芸芸学子中的一员，我胸怀建设祖国之志，心有为社会努力奋斗之意，以自身的行动彰显百年上大的热忱与笃诚。在上大求学之时，我热衷参与各项活动，以此开拓自己的眼界并为上大献出自己微薄的力量。身处团委宣传部，我怀热情于文案写作，书写《心系中华民族伟大复兴，传承百年红色革命精神——习近平总书记"七一"重要讲话精神学习感想》并发布在上大微信公众号，其中"作为上海大学的学子，学校浓厚的红色革命精神和传承氛围深深地影响着我。习近平总书记强调，青年应'不负时代，不负韶华，不负党和人民的殷切期望！'而我校学子'请党放心，强国有我'铿锵有力的青春誓言便已宣示出我辈强有力的拼搏决心"这些话语展现出我对祖国和上大的一片赤诚之心。我深知，在当今社会，要投身祖国建设之中必然先要怀有一颗熊熊燃烧的爱国之心，我浸润在上大浓厚、坚定的爱国情怀之中，将心中浓烈的情感化作笔墨书写在我的生活之中，以激扬文字来践行我对祖国的承诺和热爱。在平时，我乐于助人，将"先天下之忧而忧，后天下之乐而乐"运用于日常生活之中，展现出上大学子的良好风貌。书册润心，爱暖冬日，在2021年寒风阵阵的12月底，当我作为一名来自上大的志愿者走进嘉定图书馆，走进宁静书香中，我为他人提供帮助的心是热烈的、澎湃的。活动期间，我负责将书本按照编号顺序放回书架、把架子上的书排整齐等整理书架的工作。虽然反复做着弯腰、蹲下、起立、放书等一系列动作，但因为心中怀着"先天下之忧而忧，后天下之乐而乐"的上大精神，我并不感觉疲惫，反而充满自豪之情。身为上大学子，我以自身的行动给予他人帮助以及快乐，我也便有了极大的快乐。我似乎也感受到百年前上大革命先辈面临动荡局势仍坚守岗位用自己的力量尽可能帮助他人的那份情怀。百年岁月如同白驹过隙，从百年前的上大放眼当今的上大，从革命前辈转眼于你我，这颗坚定不移为祖国为人民贡献的赤子之心从未改变，这便是上大学子的自强不息，乐于奉献。

"青年者，人生之王，人生之春，人生之华也。"上大学子秉承"不坠可为鸿鹄志，且做有为青年人"，坚持实干奋斗，以实现中华民族伟大复兴的中国梦为己任，激扬文字，继革命烽火，露我辈锋芒，以自强不息的精神挑战学术难题，以饱满的精神面貌面对每一天的学习和生活。来上海大学与众多卓越学子一起拼搏，一起运用自身的力量去帮助他人吧，与我携手，一同奋斗，以梦为马，不负韶华，心中有丘壑，立马振山河！

> 一个共同的寻觅，知识让我们张开翅膀；
> 一个共同的目标，信念使我们步伐铿锵。
> 只因为一个共同的誓言：
> 自强、自强，我们奏出新时代的交响。
> 自强，自强，不息的自强。

校歌琅琅，萦绕心头，上大精神，百年流传。赓续上大红色基因，传承百年革命精神,这是每一个上大人的目标,每一个上大人的意志。

自强不息,创新实干,走在新时代长征路上,上大人心中坚定理想信念,大胆创新挑战未知的领域,用双手实干出一番事业,这是新时代上大人的实际行动。

"先天下之忧而忧,后天下之乐而乐",毅然决然投身祖国各项事业,风吹雨打仍然坚定目标;披荆斩棘,面对未知险阻也要乘风破浪,这是上大人百年来坚守的信念。

栉风沐雨,上大百年传革命薪火;砥砺前行,上大自强续红色长征。

这,便是上大!

遇见那座红色学府

2021级 悉尼工商学院 缪汶君

我在一片伸手不见五指的黑暗中摸索着前进,前方忽然出现了一个光点,我欣喜地朝着光点飞奔而去。随着距离逐渐缩短,一座安静矗立着的红色学府映入眼帘。在一片黑暗里,唯独有一片祥和的光笼罩在这座学府之上。我打量着这座独特的学府,在它的房顶上高高悬挂着一颗金色的五角星,闪耀的星星之下,是用毛笔写出的苍劲有力的四个大字——上海大学。

"吱呀——"红色学府的门从里面打开,一个长相清秀的男孩走到门口,微笑着向我招手。在他的邀请下,我随他走进了这扇充满神秘气息的

缪汶君

门。"同学你好,我的名字叫'溯园',是新上海大学这座红色学府里的一员,欢迎加入这个大家庭!"男孩笑得灿烂,温柔地握了握我的手。

"这座气派的红色学府就是新上海大学,我随着它的建成而诞生,'溯园'之名意味着在这里的每一个成员都应该传承老上海大学的优良传统。快来,我来带你了解一下这所充满魅力的学府。"男孩带着我向里走去。

跟随溯园的步伐,我一边向前走,一边好奇地打量着这座红房子的内部构造,发现了它的一些独特之处。房间里的陈设分为两种不同的风格,一种是有老上海气息的传统朴素的物件,而另一种则是充满现代气息的高科技产品。

溯园向我解释道："这两种陈设是不同时期的上海大学的象征。这些精致古朴的物件代表有着百年历史的老上海大学,老上海大学是中国共产党与国民党共同创办的一所高等学府,流淌着红色的血液。曾经的老上海大学,培养出了一批批思想觉醒的青年,这些前辈们积极策划和参与了五卅运动,使当时的民间出现了'北有五四时期的北大,南有五卅时期的上大'的说法。此外,老上海大学对黄埔军校的创建和招生有着特殊的贡献,不少老上海大学的师生成了黄埔军校和北伐战争的骨干,因此有'文有上大,武有黄埔'的美誉。而充满现代科技感的则是新上海大学,新上海大学立足于科技发展的现代,有高新技术的辅助,拥有开阔的眼界和广阔的发展平台。除此之外,新上海大学自觉传承红色基因,继承了前辈的革命传统,是老上海大学精神的继承者、传播者、弘扬者。新上海大学不忘初心、牢记使命,传承和发扬了艰苦奋斗、自强不息的优良作风。你看,我们现在身处的这座红房子,巧妙地将两种风格融合在一起,构成了一道独特的风景线。"

我们继续向里走去,我意识到红房子里通达宽敞,不像寻常房屋一样内部有许多墙壁用于分割房间。溯园好像看出了我的疑惑,他指着宽敞的房间对我说:"你看,这座红房子最大的特点就是拆除了多余的墙。在新建之初,总设计师钱伟长校长就指出要拆除'四堵墙'。拆除了学校与社会之间的墙,学子才能与社会紧紧地联系在一起,为社会服务;拆除了教学与科研之间的墙,这座红房子才能成为教学和科研的中心;拆除了各部门各学科之间的墙,才能打通学科障碍,拓宽专业视野;拆除了教与学之间的墙,才能让每个生活在这所红房子里的青年成为有自学能力的有用之才。拆除了多余的墙,我们才有足够的空间大展拳脚,把祖国建设得更美。"

我点了点头,感叹于房屋构思的巧妙。溯园又转身指向房子的四周,每一面墙上都有一扇大大的玻璃窗。从窗户向外看,我惊奇地发现,外面已不再是一片漆黑,而是丰富多彩的美景,溯园推开了其中一扇窗,沁人心脾的香气扑鼻而来。他解释道:"红房子的建造者深知囿于原地者不能长远发展,因此他为这所房子设计了许多通向外界的窗。多与外界人才交流、多看看外界的发展、多听听世界的声音,我们才能让屋顶上的五角星更加闪耀。"

我探头向窗外看去,一片纯洁的白玉兰盛开在窗外。一阵微风轻轻拂过,白玉兰的叶子在风中起舞,我仿佛在叶子发出的"沙沙"声中听到了钱伟长校长的声音:"归根到底,我是一个爱国主义者。""我没别的要求,我希望国家强大起来。"接着,我的耳边响起一句句铿锵有力的誓言,这是一位位从这座红色学府中培养出来的人才,他们用辛勤的汗水哺育出盛开的白玉兰,向祖国深情地告白。方明伦教授、邓伟志教授、戴世强教授等终身教授,为红色学府的建设打下了牢固的地基。徐匡迪、孙晋良等院士则为提升红色学府的高度起到了关键作用。"前辈们用实际行动证明了他们爱国的心,白玉兰纯净的白色就象征着他们对祖国清澈的爱。而我们也应接过他们手中的火炬,用自己的力量照亮祖国发展前进的道路。"溯园走到我的身后,看着窗外盛放的白玉兰,坚定地对我说。

一片花瓣随着窗外的微风飘进房间,我的视线也随着花瓣移动,视线聚焦到房间里陈列着的琳琅满目的文物。这些文化遗产种类繁多,有正在捕猎的巫山猿人的铜像,有大溪新石群的景观,有关于战国巴人的遗迹等等。"爱我们的祖国,就要珍视祖国的每一份历史,保护好祖国的历史文物才能让上海大学的红色血脉更好地融入每位学子的心中。三峡工程建设时,我们主动对沿岸的1 000多处重要文物遗址进行了实地调查,并提出了相应的保护规划。保护好这些文化瑰宝,我们才能在未来更好地建设美丽的祖国。"溯园的脸上洋溢着自豪,笑着对我说。

我们继续向前走着,一块环绕墙面的巨大电子屏出现在了我的眼前,满屏闪耀的五角星引得我连连惊叹。每一颗五角星都向外散发着金色的光芒,将整个房间照亮。每一颗五角星都代表着与百年上大结下深深缘分的"星星守护者"。这其中有为建造红色学府添砖加瓦的"工程师"们,有奉献于教育事业的"花匠"们,还有无数在红色学府中成长的学子们。轻触五角星,"星星守护者"的感悟就展现在了我的眼前。有当年钱伟长校长挥毫泼墨,写下建校决心的毛笔字,也有当今学子借助科技力量写下的全面详细的提升自我、爱校报国的规划。

当我流连于这片灿烂星河时,一颗金灿灿的小五角星诞生在我的眼前。我知道,这是我正式加入上海大学这个温暖家庭的象征。我接过溯园递过来的电子笔,将自己的心情书写于五角星背后:上海大学这所红色学府打破了充斥着迷茫与恐惧的黑暗,为我点亮了前进的方向。我爱每一位上大人的热情善良,他们像溯园那样带我了解红色学府的每一份美好,尽心为我答疑解惑。我爱新上大的传承之心,它的浓浓爱国情怀让这份红色永远鲜艳。我爱这座以现代科技作框架、以传统文化为内核的"综合性建筑",传统文化与现代科技的巧妙融合让我更深刻地明白了传承先辈精神和努力开创未来的重要性。我爱房屋内别出心裁的设计,它让我学会了提升自我、报答祖国的正确方式——学会打破框架的束缚、融会贯通、开阔眼界,借助上大为我提供的平台,成为一个更加优秀的人。我爱窗外的那丛芬芳的白玉兰,一朵朵洁白无瑕的玉兰将红色学府装点得更加美丽;每一朵玉兰都有着纯洁的心,心里装满了对祖国诚挚的爱;玉兰清新的香气浸润着我的心,让我对红色学府的爱更加深厚。我爱每一份被上大用心保护好的历史文物,留住历史,我们才能更好地走向未来。我爱这满屏闪烁的繁星,尤其是代表着我自己的那一颗,我知道,星星发出的光不仅能照亮这一个房间,它还能为无数的学子点亮前进的方向,能让这所红色学府更好地屹立在神州大地上,也能为我们的祖国增添一片独一无二的美好。这些爱温暖了我,也会成为我努力学习的动力。我一定会带着这些爱不断前行,用学习来让自己变得充盈,在不久后的将来,从红色学府的受益者变为建设者,让自己的这颗五角星,永远在红色学府中闪烁。

  畅游在这所红色学府之中,我被它的魅力深深吸引。我将在自己不懈的努力中,在溯园和老师、同学们的帮助下,成长为一个有用之才,传承上海大学的爱国精神,为祖国的建设尽自己的一份力。我将用自己青春的笔,把这座学府中蕴含的红色描绘得更加鲜艳,也让房顶的那颗五角星更加熠熠生辉。

致每个为考入上大而奋战的你

2021 社区学院 任梦远

正在为考入上大而奋战的你：

　　展信佳！

　　此刻的你，也许还埋头于厚厚的书堆，也许在对着波动起伏的成绩暗自叹气，抑或为一沓没有刷完的模拟卷焦头烂额。鲜红的高考倒计时一页页不断翻动，空白的试卷一张张提醒着你去努力，漆黑的夜色和浓稠的咖啡一起，记录着你繁忙而枯燥的高三生活。也许，"累"贯穿了你的生活，在压力和痛苦中，"上海大学"似乎成了一个遥不可及的梦想；当"迷茫"占据了你的脑海，你尝试用随波逐流麻痹自己，又不甘轻言放弃。

任梦远

　　我想要拥抱你，因为我也曾有这样一段至暗时光；我想要鼓励你，这里有一个关于上海大学的故事，它曾是我黑暗中的一豆烛光，不知是否会给你类似的感动，不妨先听听看。

　　一百年前的今天，红砖砌成的小楼里，有这样一群青年，他们秉卷夜读、挑灯夜战，也许教室里只有一点微光，煤油灯下的他们，手执稿纸，挥毫泼墨，句句斟酌，用文字叙写青春上大的华章，描摹中国未来的蓝图。

　　寒冬的教员休息室里，三两好友相约，几名师生相聚，即可在夜灯下畅聊，热烈的激情驱散了寒意和倦意，一盏孤灯下，他们开启一场学术的鏖战，阔辩至月落日升，才带着一丝意犹未尽踏出休息室的门槛。

悠悠的小径边，一群青年高谈阔论、相谈甚欢，或是在讨论繁重的课业，或许是在为并不乐观的国情痛心疾首，或许是在为黑暗中的一点光亮欢呼雀跃。又或许，他们只是信步闲走，让思绪无拘无束地飘过脑际，驱散国情家事的烦忧。而今泮池边似曾相识的声声笑语、句句灼言，跨越百年的时空，回音仍未消散。

这些青年大概并不会想到，他们的名字会在中国的革命史上熠熠生辉，戴望舒、田汉、丁玲、施蛰存，那些原本无闻的名字，会留在图书馆的厚厚典籍里，写在国歌的词谱上，出现在革命者的欢呼声中。

想必你会反驳我：那些千古流芳的名字，那些改变了中国历史的先锋者，那些被刻上红墙的"伟人"姓名，怎会与你产生一丝一缕的联系？那些老旧到褪色的历史，那些发生在一个世纪前的模糊历史，又怎能引起你心底的共鸣？

当事业有成，他们显露的光芒固然灼目；当革命成功，他们鲜明的标签固然闪耀，但初入上海大学的他们，也不过是一群和我们一样意气风发的少年。怀揣着远大的抱负和志向，承受着革命可能失败的焦虑，同时也会面对着课业的重担、家庭的压力。在黑暗暗哑的现实中，坚定地选择革命也需要踽踽独行的勇气。也许你挣扎在题海，迷茫于未来，曾经他们的未来，又何尝不迷茫？他们的道路，比你的道路多了多少泥泞和荆棘？他们踏过千里的泥泞，穿过数年的荆棘，越过多年的黑暗，最后才到达理想的彼岸，却未丢失希望和信念。还有半年冲刺时间的你，是否可以再坚持一下？我们所要面对的挑战，不只是高考这场短短的磨炼，有更多值得我们为之奉献和奋战的理想，会在未来等你。

如果有幸，真想带你来上海大学走一走。穿过教学楼的长长走廊，你也许会探头看一眼教工休息室；在图书馆的电梯口，你也许会瞥一眼灯火通明的研习空间；从22号北宿舍的一楼走过，你会听到研讨室里热烈的讨论。你会感觉，在上个世纪，穿透百年的岁月，上大校友和前辈在与今截然不同的校舍、教工办公室里，或许也是这般激情热烈，这般刻苦自强。置身上海大学的校园，在现代化的设施和富有科技感的环境下，你依然能感受到百年前的那份学术精神和学术态度，寻找到一个世纪前的红色基因。行走在林荫道上，走过图书馆前,穿梭于教学楼间,有时眼前仿佛出现一个个身穿长衫的身影,一个个大声疾呼的身影。你仿若在用百年前校友前辈的"眼睛"去看、去欣赏、去思考,那些想象中的人物场景与现实交织在一起,亦真亦假,会汇成你眼中独特的上海大学。

百年后的今天,前辈的风骨与担当,会以一种特殊的方式在上海大学流传。你会发现,在进博会的广阔舞台上,有上大"小叶子"的身影,让你忍不住憧憬,有朝一日,你也能为进博会奉献,为国家出力;你会发现,夜幕已降临,图书馆的考研人却埋头于书堆,笔尖游走于纸面,思绪沉浮在题海,让你忍不住感叹这踏实、积极而又奋进的学风;你会发现,征兵季涌现出一批批热血青年,让你不免联想起丁玲"昨夜文小姐,今日武将军"的豪放与热情。在上海大学,多少人在书写着自己的青春宣言。和平年代,也许不一定会有"时穷节乃现,一一垂丹青"的卧薪尝胆,也不一定需要"未惜头颅新故国"的破釜沉舟,但前辈那"少年心事当拏云"的凌云壮志,无论在哪个时代都熠熠生辉;"十年饮冰,难凉热血"的少年豪情,无论在哪个时代都闪闪发光。

当1922年至今的百年历史结合1994年至今的青春时代,当百年风度与青春精神交汇,当前辈校友投身革命洪流的身影与如今同学奋斗付出的身影重叠,这一百年留下了许多。留下的是施蛰存所提及的"上海大学的精神",是钱伟长老校长所提及的"百姓之忧、国家之忧、民族之忧"。这些经过岁月磨洗却不改的红色,是上海大学的底色,也是我们留存心底的颜色。

我尤其喜欢那句"但行好事,莫问前程",也许在题海中沉浮的你,仍会无数次历经煎熬和失落,但不妨想想百年前那样一群同样历经苦痛而迎接曙光的青年,无论结果如何,让我们心怀热情,挺身战斗。穿越百年时间,我坚信你终将会与那些前辈成为校友。我和他们一起,在上海大学等你。

纸短情长,就此搁笔。

主题二 乡曲之情 履践致远

萤火炽烈　晨光破晓

2019级　文学院　唐沁雨

> 信念是鸟，它在黎明仍然黑暗之际，感觉到了光明，唱出了歌。
>
> ——泰戈尔

巨大的轰鸣声中，飞机腾空而起，呼啸着冲破云层，印着卡通熊猫的机身在蔚蓝的天幕中翱翔。从四川到上海，约1960公里的距离、两个半小时的飞行时间，这是我大学期间最熟悉的航线。安稳地坐在靠窗的位置，看窗外瑰丽的光与飘逸的云。

刘华，四川宜宾人，上海工运领袖，我与这位四川同乡相遇在《从上海大学（1922—1927）走出的英雄烈士》这本书中。1921年8月，他带着沉重的心事和蓬勃的壮志悄悄离开了原本打算进入的成都军事训练班，坐上前往上海的火轮。我忽地回想起2019年8月，青春洋溢的我怀揣着上海大学的录取通知书，第一次坐上了飞往上海的航班，双眼充满着期待，内心却忐忑不安。

唐沁雨

他是否和我一样对未来满是憧憬，是否和我一样有着离开家乡的不安，这些我都不得而知，但从四川到上海，隔着时间的洪流，我和他朝着同样的终点——上海大学出发。

把上大说给你听

上海大学是中国共产党与国民党合作创办的一所高等学府,成立于1922年10月23日。著名共产党人瞿秋白、邓中夏、恽代英等都在这里任职任教。许多革命青年跋山涉水,甚或从海外慕名而来,负笈求学以图实现报国之志。是上海大学,在那个风雨飘摇的时代,在求新求变的上海点亮了星星之火,指引着万千学子从祖国各地、从天南海北共同奔赴。

而刘华从四川来,耳边、眼前尽是蜀道难。

蜀道之难,难于上青天!但有人高颂着七律诗:红军不怕远征难,万水千山只等闲。从此,雪山草地、金沙大渡、雄关漫道、红旗漫卷,在这最恶劣的地方却有最温馨的民族情、最坚定的长征魂!蜀道之难,难于上青天!但有人高扬着死字旗:国难当头,日寇狰狞。国家兴亡,匹夫有分。从此,川军的足迹遍布了全国的抗日战场,忍辱负重、慷慨赴死,以劣势武器无数次与装备精良的日寇进行殊死决战。

尽是蜀道难,又有何惧?千万四川战士皆作萤火,刘华又何尝不是其中一点星辰?

他盛赞屈原"志浩行廉,争光日月,其身虽死,尚尤凛凛然有生气存焉。后之学者,当以屈死之爱国为法可也"。爱国之志,洋溢于字里行间。来到上海后,他加入上海大学这所"革命的学校",如饥似渴地学习马克思主义新思想、新知识,半工半读终日辛劳。他积极参加革命活动,响应邓中夏、瞿秋白等人的号召深入工人群众,领导并参加了五卅运动,毫不懈怠地四处奔波,牺牲时年仅26岁。在信中他留下"苟一息尚存,我要与他们斗争到底"的壮志豪言。

同是四川人,同是上大学子。隔着百年时光,远远的,我仿佛触碰到了先辈刘华的炽烈眸光。在漆黑的夜里,在星光都被厚重阴云遮蔽的暗夜,却有信念的萤火点点,聚若炬火、散如繁星。它们唤醒了浅眠的雄鸡,在黎明仍昏暗之时,受光明引领而歌唱。破晓晨光照亮了未来。

百年腾飞路,风华正茂时。百年后的今天,全中国都沐浴着光明。青云发轫,溯源而上。上海大学也有了崭新的面貌。百年以前,一抹赤诚的鲜红自上海青云里落笔,联结四面、渲染八方;五卅运动中,上大师生摆脱冷气、大胆发声,民族危亡之际以国家为重,热血点染出一幅壮美画卷。如今,这红色基因已深深刻进上海大学的骨肉脊髓。在这里,上大师生将专业知识融入社会实践,为祖国山河增添更加动人的色彩,几代人在校园中迸发的思想火花汇聚成一片繁荣。

皆是风云激荡时刻,上海大学从未忘记自己培养国之栋梁的使命,上大人从未忘却"自强不息""先天下之忧而忧,后天下之乐而乐"的校训精神;一颗颗卓越进取的青春之心熠熠生辉,一份份赤诚的家国情怀代代相传。

"我们现在的年轻人,只要认清了前途,就是拼命也要去干,总希望有一个好结果",刘华前辈所言振聋发聩,遥遥指引着我。我便将以往虚掷的光阴抛到脑后,盼望着,热火朝天地想要在这个校园、这片广大的新天地创造出新的事业,将自己的血脉与祖国相连。

我在上大尽情地挥洒青年人的热血,我在文学院学着我热爱的专业——汉语言文学,它是上海大学国家级一流本科专业建设点之一,在这样的平台上,无论你志在何处,上大都能助你一展宏图;在这样的平台上,每一位老师都有自己的真知灼见,都爱探讨、爱分享;每一位同学都能够笃志静心、爱学术、爱钻研。

我成为院学生会主席团的一员,联络同学、组织活动,充实而幸福;我参加口述史项目,用专业知识抒写非遗历史;我还在上大找到志同道合的伙伴,一起参加寒假回母校活动,共同投身各种公益项目。

在上大,我常仰望星空,漫天皆是熠熠星辰,像刘华这样的英雄烈士在20世纪20年代的上海大学还有很多,他们的斗争精神、家国情怀不仅深深镌刻在历史上,更让我难以忘怀!我憧憬着他们,他们也时刻指引着我。一路上,脚步愈加踏实,快速提升的上大有的是机遇,而正值青年的我也有的是干劲。上大之于我,是珍贵的指引和永久的滋养,让我遇见更好的自己,让我有信心有能量展翅翱翔。

渐渐地,我有了自己的梦想。我想回到家乡、回到四川做一名语文老师。我想将我学到的每一点知识都教给孩子们,为他们带去新鲜的事物、新鲜的空气。为此我和伙伴相互督促学习教育学的相关知识,在忙碌的考试周参加教师资格证考试。为此我参与进蓝信封留守儿童书信陪伴计划,手写信件并通过公众号平台与小朋友交流,互相分享、互相陪伴、互相帮助,更了解小朋友的心理也更明确我自己的理想。我还参加了上海大学米粒支教社,学习支教相关知识,多次筹备寒暑假支教。

但通往理想的道路总是崎岖坎坷。两次支教计划都在出行前都遇上了突发状况,不能成行。无助与心痛几欲摧垮我,我心中偶有克制不住的怨,更多的却是无奈。幸好,我身边有家人和伙伴,心中有理想和榜样。我还年轻,我总这样认为,"只要认清了前途,就是拼命也要去干,总希望有一个好结果",我总这样想着,"苟一息尚存",我想做的事我总会做到,或早或晚。先辈刘华告诉我的,我会一直记得,一直念着。

"带着赤子的骄傲,生命的闪耀不坚持到底怎能看到,与其苟延残喘不如纵情燃烧吧,为了心中的美好,不妥协直到变老。"

点点火光汇成星河,我会执着斗争,静待梦想破晓。

使命

2020级 通信与信息工程学院 赵闵杰

一所学校的诞生从一份责任开始,
一种使命的传承由一份担当领航。

创立

你诞生于上海,
源起于中国共产党的期望。
你肩负着重任,
身托着培养中国革命人才的希望。
上海大学,
你穿透历史的迷雾,横渡岁月的海洋,
照亮灰暗坎坷的前路,
开启通向世界的门窗。

赵闵杰

你成长于华夏,
从青云坊外走来的你,仰着稚气的脸庞。
那时的中国啊,
风雨飘摇,病入膏肓,
内有军阀之混战,

外有列强之嚣张。
那时的你呀,
明知山有虎,偏向虎山闯,
明知河有蟒,偏把江河蹚,
一心传播马克思列宁主义,
辟共产党教育事业于微茫。
养成建国人才,促进文化事业,
扛重任于肩膀。
从此,共产党有了高等学府,
将红色教育命脉握于手上。
那时刚成立的你,
带着稚气的目光。
上海风云诡谲,
给你带来了多少恐怖的痛伤。
那歪歪扭扭的足迹,
记载了多少艰难的时光。
瞿秋白先生为学生讲解"现代社会学",
慷慨激昂,荡气回肠。
师生们为保住上海大学校舍,
倾尽所有,慷慨解囊。
五卅运动,变乱频发,
上大学子毅然决心前往。
自强不息,努力拼搏,
在革命道路上成了浴火金凤凰。
文有上大,武有黄埔,
"东南革命最高学府"成为多少青年的向往。

重组

当改革的钟声在大地回响,

使命

当发展的洪流在神州激荡,
为了中国特色社会主义的发展,
你再次披上了戎装。
寒来暑往,无论征途多么坎坷,
你夜以继日,百炼成钢。
新上海大学的组建,
追寻创新超越的梦想。
秋收冬藏,目光坚毅,无论前路多么迷茫,
敢为人先,乘风破浪,探索人才培养的妙药良方。

合并四校,
钱伟长老校长树立了"自强不息""先天下之忧而忧,后天下之乐而乐"的崇高理想。
锐意进取,
"求实、创新"的学风在这里弘扬。
当上海滩的明珠闪烁着光芒,
当黄浦江的流水欢快地吟唱,
你向世界展现了优质的办学条件,
学生综合素质高,创新能力强,
评价日益升高,
上海大学欣欣向荣,蒸蒸日上,
排名节节向上。
上大学子笑语飞扬,自信满腔,
将红色文化传承贯穿于立德树人之中,
得到社会各界的高度赞扬。
赓续红色基因,坚守育人初心,
师生在学习中强化理想信念和使命担当。
你走出了一条通向星辰大海的路,
举世瞩目,盛世共襄。

传承

百十载岁月悠悠,时过境迁如沧海桑田,浩浩汤汤。
三十年硕果累累,峥嵘往事如璀璨星辰,光芒万丈。
立足新的历史坐标,
你任重道远,使命荣光。
拼搏进取,创新超越,
努力步向世界一流大学的殿堂。
你匠心追梦,扬帆起航。
自强不息,努力拼搏,
奔跑在自强不息的奋斗大道上。
"钱伟长星"的命名,
老校长伟业流长。
溯园的建设,
让红色学府声名远扬。
新建校史馆,
我们薪火传承,传承信仰。
深化党史学习教育,
我们继往开来,共筑荣光。
编撰"红色学府　百年传承"丛书,
揭开上海大学"双一流"建设的新篇章。
你的声音不同凡响,
你的形象傲立东方。
红色学府的建立,
从一次伟大的实践开始,
百年使命的传承,
必将如冲天的圣火把寰宇照亮。

追寻张太雷精神

2020 级 环境与化学工程学院 吴博

> 历史的车轮滚滚向前,
> 曾经,他们披荆斩棘,浴血前行;
> 如今,我们国泰民安,幸福安康。
>
> ——题记

上海大学党委书记成旦红曾说过:"回溯历史,上海大学的成立与中国共产党的发展息息相关,与国家和民族的命运紧密相连,上大师生在救国图强的家国使命中锻造了爱国担当的上大品格。"不平凡的年代、不平凡的政党,孕育出一座不平凡的学校,其教员多为共产党早期核心人物,而有一位"愿化作震碎旧世界惊雷"的革命先辈张太雷就毕业于我家乡天津的学校——北洋大学。

吴博

时间拉回到 2018 年,那时的我还是一名高一的学生,每日勤勉,为梦想拼搏。我常常以在天津大学上学的哥哥作为榜样,放假也经常向他请教问题,闲暇之余,他提到学校正在编撰一本名人传记,名叫《张太雷画传》,并介绍说这位先贤是从天大走出去的中国共产党最早的党员之一,也是中国共产党重要的创始人之一。五四运动期间,张太雷是天津地区爱国运动的骨干,与周恩来、李大钊等都有深厚的革命友谊。在自己的家乡竟有这样一位伟大的革命前辈,这极大地激起了我的兴趣,我便进一步了解他的生平事迹和著作。

经过初步浏览,我发现张太雷曾参加北京共产主义小组,在李大钊帮助下,也到天津组织社会主义青年团。之后离开熟悉的京畿之地,远赴广州、上海任职。通过张太雷的生平,我也第一次了解到了他曾执教的上海大学。在上海大学任职时,为了帮助在校大学生从理论上认识帝国主义的本质,他就选用列宁的《帝国主义论》作英语教材。阳翰笙回忆:张太雷讲课说理透彻、观点分明、富有说服力,经常在讲完课文后,联系当前形势进行分析。张太雷还是党内最早的国际活动家。1921年初他被派赴苏俄,担任共产国际远东书记处中国科书记,成为第一个在共产国际工作的中国共产党人。我不禁感叹:张太雷既重视党的青年工作、又有国际视野,是一位敢闯敢拼的共产党人。

之前我一直认为人应该在自己熟悉的领域内生活:既然生在京津冀一带,就在这里上学,在这里工作;亲戚介绍说国家电网的工作稳定,待遇也好,我就想努力进入国家电网工作……一生都在已知中度过,无惊无险,安稳无忧。可了解到百年前的张太雷先辈,在那个风雨飘摇的年代,敢于跨过大半个中国传播革命的火种,敢为人先,第一个奔赴苏俄工作……让我不仅思考,是否探索未知的人生,会更精彩,更有价值?

思绪一旦萌芽,便会迅速蔓延。我想起张太雷先辈曾任教的上海大学,经过搜索,发现上海大学国际化程度实属国内一流,在鼓励创新创业方面更是下大力度,而且地处以海纳百川、兼容并蓄的上海。于是,这所即拥有百年红色历史,又有新时代蓬勃朝气的学校成了我的高考目标。

之后有机会时我便进一步发掘张太雷精神。我了解到:张太雷同志的革命生涯主要是在党的创建时期和大革命时期度过的。这个时期,中国新民主主义革命处于刚刚兴起的阶段,如何把马克思列宁主义的普遍真理同中国革命的具体实践结合起来,是一项缺乏现成经验的艰巨工程,需要在斗争中不断积累经验。张太雷同志紧密结合革命斗争实践,运用马克思主义的基本原理,较早地对中国国情和中国革命的性质、任务作出了比较符合实际的阐述和分析。他的一系列观点和主张,对中国共产党第二次全国代表大会制定反帝反封建的民主革命纲领和中国共产党第三次全国代表大会制定同国民党建立统一战线的方针,起到了重要的奠定思想基础的作用。《人民日报》也曾发文,称

追寻张太雷精神

"张太雷同志是中国共产党早期的重要领导人之一,忠诚的共产主义战士,无产阶级革命家,中国共产主义青年团的创始人之一和青年运动卓越领导人,广州起义的主要领导人"。虽然身为党内重要领导人员,但在广州起义时仍亲临一线指挥战斗,最终不幸牺牲。他把短暂的一生献给中国革命事业,建立了不朽功勋。上大先辈的事迹告诉了我什么是使命担当,什么是爱国之志,什么是家国情怀。

时间滚滚向前来到2022年,我已是上海大学的一名大二学生,既有大目标——努力学习知识,跟随老师的科研脚步,力求有所发现,也积极参与各种学科竞赛、创新比赛;也有小日子——平常会跑五公里,会去健身房锻炼,大学生活过得充实也有意义。而如今的上海大学里又有新的一批有本领、有担当的教师,在校园里孜孜矻矻做学问,勤勤恳恳教学生。20世纪20年代的上海大学,聚集了一大批爱国人士和著名学者,吸引了数千爱国进步青年前来求学。不过五年的岁月,从这所"弄堂大学"走出了许许多多我们至今耳熟能详的革命英烈。他们奠定了老上海大学在中国现代教育史和革命史上的地位。百年峥嵘岁月,上大变了,变得更加开放多元,创新图强;上大也没变,骨子里的红色血脉跨过百年时空,一直延续到我们心中!如今,我们即将迎来上海大学建校100周年,赓续红色基因,锚定青春坐标,始终是一代代新上大人义不容辞的使命!

一百多年前,中国正处水深火热之际,也正是青年,担当着中国革命的燎原火种、中国大厦的不锈钢钉,广大青年在党的带领下,以"敢教日月换新天"的豪情壮志,用鲜血和汗水浇灌出一个"可爱的中国"。"长征接力有来人",当下的中国,早已不是百年前任人宰割的旧中国,在这个更加耀眼的时代舞台上,青春的集结号吹得更加清澈而响亮。流云变幻,唯有精神不变;沧海桑田,只有青春不老。一代人有一代人的长征,一代人有一代人的担当。作为青年,作为上大人,在迎接建校100周年之际,必将以"自强不息""先天下之忧而忧,后天下之乐而乐"的校训为底色,以"求实创新"的校风为追求,在家国使命中赓续红色基因,锚定青春坐标,成为能够担当民族复兴大任的时代新人,携张太雷精神,一起奔向未来!

与你的距离

2020 级 悉尼工商学院 陆欣怡

　　1 000 公里,是湖南与上海的距离。一百年前,邓中夏怀揣着对革命的热情,跨越千里来到上海,与各界才俊一同创办上海大学;一百年后,我心怀着同样的热忱,乘着呼啸的高铁,复刻先辈的道路,跨越 1 000 公里的距离,也来到了这里。上海大学,这所革命的红色学府,是多少如邓中夏一般的党员前辈的心血凝练;这片丰硕的知识沃土,又是多少像我一样的上大学子的成长摇篮。百年上大,百年树人,百年传承。这是乡曲之情跨越时空的传递,更是上大红色精神的源远流长,历久弥新。

陆欣怡

　　第一次了解邓中夏先生,我最震惊的是他面对国民党反动派毫不动摇,昂首走向刑场,慷慨就义。邓中夏早年曾在位于长沙的湖南高等师范学校读书,他的照片陈列在学校的校史馆内,我曾有幸去参观,照片上的邓先生笑容和蔼,意气风发,带着文人独有的书卷气。很难想象这样一位沉静温和的知识分子,为了革命理想,为了中国的未来,能爆发出如此巨大的勇气,纵使以身赴死,也要维护党和革命。邓中夏的勇气与牺牲令我感到惊叹与敬佩,也促使我第一次开始思索,究竟是什么样的力量促使着无数人为着党和国家的发展前仆后继?我又能够为中国的未来发展做些什么?

后来随着更深入的了解，我发现邓中夏先生除了作为革命者的一面，还有作为知识分子的另一面。他不仅是工人运动的领袖，还是一位优秀的马克思主义理论家、中国共产党员、中共中央临时政治局候补委员，同时也是老上海大学的创办者之一。我的这位同乡前辈，不仅将自己的全部投入党的伟大事业中，还致力于将马克思主义思想传播给青年学生们，他参与创办的上海大学，也就成了当时上海最先进、最具活力的红色学府。

自己所就读的大学竟然有这样悠久的红色革命历史，还与邓中夏这样的优秀同乡前辈有深刻的渊源，这让我感到骄傲与自豪。我出身于一个军人家庭，父母和爷爷都是光荣的共产党员以及人民解放军，再加上生活在革命英才辈出的湖南，我从小就通过父辈的言行和许多革命故事接受了红色思想的熏陶。刘胡兰面对敌人威逼利诱宁死不屈的故事教会我责任；董存瑞舍身炸碉堡的故事教会我勇敢；毛泽东闹市中读书的故事教会我静心学习；雷锋"出差一千里，好事做了一火车"的故事教会我要助人为乐。父辈的言传身教，红色革命基地的参观，再加上自己主动阅读革命历史书籍以及相关的人物传记，让我脑海中中国共产党的形象逐渐变得生动而丰满。

来到上大后的首日教育，我就深深地记住了上海大学"自强不息""先天下之忧而忧，后天下之乐而乐"的校训以及"求实创新"的校风，并且在之后的学习生活中，对这样的上大精神有了切实的感触：无论白天黑夜，上大的自习室和图书馆，都能看到上大学子潜心向学、追求知识的身影；课堂讨论中，总是能听到同学们精彩而极富创造力的发言；竞赛科研中，优秀的上大老师带领着学生团队喜报频传；思想教育中，学校的人才学院、各社团组织多方位向学生展示、传递着上大勇于探索、自强不息的精神风采，也是上大青年学子应有的精神风貌。

邓中夏作为工人运动的领导者，一举一动都为群众着想，不求回报。他牵头成立了工人俱乐部，为工人们操办各种福利，他到广东领导省港大罢工时，为了让工人们安心斗争，组织动员各界把大几万人的吃住都安排妥当，被人称为"工人政府的总理"。受到他的影响，进入上海大学之后，我所作的第一个重要决定，就是加入学院的团委志愿者部，希望能够通过组织、参与志愿者活动，为同学、为上大、为社会贡献自己的力量。在之后的一年时间中，我参加了许多大型的志愿者活动，比如嘉定镇的以及新冠疫苗的接种志愿者。

在其中一次志愿者活动中,我有幸负责接待一批曾就职于上海大学的老党员同志,并且和他们进行了交谈,其中让我印象最深刻的是沈启华老先生。沈老是上海大学的退休教师,也是一名有超过 50 年党龄的中共党员。他在退休之后成立了由老党员组成的沈启华工作室,许多红色交流、公益活动中,都能看到他的身影。在沈老家中我看到了上海市文明办所授予的"上海好心人"奖杯,这是对沈老几十年如一日的投身助学事业的表彰与肯定。沈老将自己入党后几十年来的所见所行所感说给我听,我也透过他的讲述,深深感动于沈老的无私奉献,也对上大精神多了一分理解。临别时沈老送给我了一本他工作室的党员作家所著的书,被我摆在案侧,就如沈老的话语仍在耳旁一般。

出于对上海大学的认同感与自豪感,大一的第一个寒假,我就响应学校招生办的号召,主动报名参加了寒假返校宣讲活动,将上大的故事带回我的高中母校——长郡中学。虽然由于疫情的影响,只能在线上开展宣讲会,但我们返校宣讲的小组还是精心准备了 PPT,作为主讲人的我也早早写好了稿子。宣讲的时候,从上大的百年历史到学校的育人计划、校园环境、师生风采,当然,还有从我们湖南走出的上大校友邓中夏先生,结合自己一年来在上大的所见、所思、所行、所感向我的学弟学妹们一一分享。刚开始讲的时候我还有些紧张,后来就越来越放松、越来越自然了,突然发现自己真的有太多太多有关上大的记忆想要分享出来。在不知不觉之中,我已经有了这么多专属于上大的独家记忆。

"凡我所处,皆为上大。"与同乡先辈邓中夏的精神共鸣,对沈老先生无私奉献精神的敬佩与学习,还有寒假回母校的返校宣讲,这一切的基石与纽带都是上海大学,也是我人生的大学。在这里我遇见了相处默契的朋友、博学多才的老师,也看到了许多从未见过的风景。我跨越千里奔赴你,从此我们的心不再分离!

路遥知情深　日久见传承

2020 级　悉尼工商学院　田婧园

4 000 公里的薪火，代代相传，40 小时的火车，联结亘古情怀，新疆与上海，两个隔山相望的城市，正在用同一种精神，为了同一个目标，承载同一份历史，为中华民族的伟大复兴而奋斗。筚路蓝缕，历经磨难，不变的是作为一片片小雪花的我们，每一个都不一样的我们，最终会汇成一股洪荒之力，响彻大地。

但此刻，我只想把上大说给你听，一个关于你的上大，关于我的上大，关于我们的上大。

你叫海沙尔，一个普通的新疆人。

你的故事最早起源于新疆乌苏，那是一片广阔无垠的土地，恰如你的胸怀、你的志向一般。出身贫寒的你拿着一张来自全国排名第三的音乐院校的录取通知书，却只能咬牙叹气地说一句"不行！"高昂的学费虽然阻断了你前往上海音乐学院的道路，但没有什么会阻断你飞往你的山，你的音乐梦、摄影梦。只身来到上大的你，一口流利动听的哈萨克语，一曲悠扬婉转的民族歌曲，一张张可人的照片打动了一位又一位导师。命运就是如此，只要你足够努力，那么当机遇来临时，你便一定能抓住。日复一日的练习，学业与爱好的双重压力，你扛过来了，因此荣誉接踵而至——上海市宝山区"十大歌手"称号、上海市高校歌手大赛男子组冠军……2014 年 11 月，你

田婧园

拍摄的《阿克苏苹果上海一日游》被上海最有影响力的微信公众号"上海发布"推送,真正将新疆推向了上海;曾参与拍摄的自闭症儿童题材纪录片《孤岛》,获得第三届凤凰纪录片大奖两项提名,斩获最具人文关怀奖。自强不息的力量,就是如此纯粹,又如此有力。

不忘初心的你一直铭记着家乡,立誓做文化使者,传播大美新疆。之所以被称为最不像新疆人的新疆人,是因为你总是说着一口极其标准流利的普通话,特别的你,自然也与大多数青年学生喜爱流行乐曲不同,你对民歌的热爱与坚持常常让人瞠目结舌,频频叫好,更是在黄河歌王争霸赛中,让评委蒋大为直言:"将来收你为徒!"你也不负众望,最后获得全国20强的好成绩。你还曾代表上海大学赴法国参加第二十六届国际大学生音乐节,用歌声传递情怀,用歌声架起中法友谊桥梁。的确很奇怪,同一首民歌,从你的嗓子里唱出来便显得如此铿锵有力、如此深入人心,可能是因为你是真的注入了情怀,你将新疆的万里风格,将新疆人的豪迈洒脱,化作你的一呼一吸,呼吸之间,便是大好河山。

有着济世情怀的你,热心公益,践行社会大爱。每周五、周六的晚上,你都会在上海奉贤、徐汇等地的社区、养老院、广场唱歌,参加过的演出不下数百场,却从未取得分文。2014年6月,当得知自己的一位好友、一位曾经美丽动人的新疆姑娘麦迪娜身患恶性神经胶质瘤时,你一马当先,通过帮他人拍毕业照以及微信朋友圈转发等方式筹款,短短三天,就筹集到7 000多元,尽数交给朋友麦迪娜。你总是这样,坚持不懈,关心他人,热爱生活,砥砺前行。所谓"先天下之忧而忧,后天下之乐而乐",如此简单的道理,更是如此深沉的哲理。

你叫海沙尔,一个坚毅的上大人,一个自豪的中国人。

但事实上你的故事还在继续,你的人生还在续写,而我与上大的篇章也正在开启。

我叫田婧园,一个普通的新疆人。

你的故事告诉我,"自强不息""先天下之忧而忧,后天下之乐而乐"是成功的敲门砖,是解决一切问题的基石,是乘风破浪的帆,是青春起航的锚。

首先,自律自强,方启人生华章。

大学,我们拥有足够的自由度,在一定范围内,我们可以做任何自己想做的事情,表达自己的观点,完成自己的理想,当然,我们也可以虚度光阴,明日复明日,这都取决于我们自己,所以,我在此承诺,我将永远奔走在追求理想的路上。

其次,集流成海,方可展翅翱翔。

独木不成林,学会团结同学,发挥团队力量是我们的必要技能。当陷入困境时,请向他人求助,成功的秘诀,或许就在这里。我来自新疆,目标就是我的人生方向,在这,在悉尼商学院,在上海大学,人才济济,如果不去拼搏,何见旭日。

如习近平总书记所言,"唯有开放才能进步,唯有包容才能让进步持久"。最后,我希望在几年后,我们重新站在这里,面对广袤的未来时,少了一分稚气,多了一分坚定,如若允许,请以梦为马,以学为舟,不负韶华;如若允许,少年儿郎,乘风华正茂,何不力挽狂澜,通达四方,做一名堂堂正正的上大学子,再创辉煌。

我叫田婧园,一个坚毅的上大人,一个自豪的中国人。

"自强不息""先天下之忧而忧,后天下之乐而乐",上大的校训完美地呈现在你的身上,他也将体现在我身上。是你影响了我还是上大影响了我,这并不重要,重要的是以后不单单是我们以作为新疆人、作为上大人而自豪,而是新疆因为有我们,上大因为有我们而骄傲!

你好,你问我是谁? 我是在上大的新疆人,一个,或是千百个在上大的新疆人!

湘水浦江曲流长　上大湘随致远方

2021级　社区学院　李岳星

李岳星

　　1922年,上海一所新兴的革命学府——上海大学如同冉冉升起的红日一般诞生于此。前一年,中国共产党也是在上海成立,这也注定了上海大学为中国共产党培育革命人才,探索救亡图存之路的使命。从此,上海大学师生克服种种困难,艰难办学,吸引四方热血青年景从云集,为中国革命和建设汇聚、培养了一大批杰出人才,赢得了"文有上大,武有黄埔""北有五四时期的北大,南有五卅时期的上大"的美誉,也由此被称为"东南革命最高学府"。而那时的湖南,亦是革命的圣地,伟人的故乡。星星之火在此燎原,革命火种在此赓续。于是,一批又一批湖湘儿女奔赴上海,开启自己的革命征途。

　　百年后,再回首。在那个风雨如晦的年代,上海不愧是一个传奇的城市,它热烈激昂的红色精神造就众多革命前辈。他们的故事流传至今,不仅印刻在白纸铅字上,更铭记在每个上大人心中。从几个月前我收到录取通知书和那本《他们从上海大学(1922—1927)走进新中国》开始,我便对有着深厚红色底蕴的上大充满了向往。8月末的我背上行囊,作别滔滔湘水,前往千里之外的上海。而如今的我已经在这里顺利地完成了第一学期的学业,增长了丰富的才识与能力,结交了热情的老师与同学,更多的是在这里真真切切地感受到了百年前的红色基因带来的熏陶与感染。

我愿以此文,向你们讲述与我同根同源的湖湘前辈与上大的往事,也讲讲我在这里学习生活的真切感悟和体会。湘水与浦江,本隔上千里,却可以在轰轰烈烈的革命史中汇聚在一起,交融激荡。

"中兴将相,十九湖湘。""一部中国近代史,半部由湘人写就。"可见湖南对革命所做出的贡献。如此赞誉之所以能名副其实,离不开前辈们用汗水乃至生命铸就的革命事业。在此我愿讲述两位上大的湖南校友,既是师生,也是革命战友,亦同是湖湘儿女。一位是上大创办人之一邓中夏,另一位是上大最早一批学生之一的龚际飞。

邓中夏,湖南章宜人,生于1894年。1917年,邓中夏考入北京大学文学系。在李大钊的引导和十月革命的鼓舞与影响下,邓中夏开始接受马克思主义,并积极投入当时的反帝爱国斗争,成为学校中的积极分子。从那时起,革命的种子便埋藏于邓中夏的心底。后来,他先后加入了北京的马克思主义研究会和北京的中国共产党早期组织。

1923年4月,他经李大钊推荐来到由中国共产党和国民党合作创办的上海大学,任总务长。在上海大学任职的两年中,他聘请了蔡和森、瞿秋白等一大批共产党人到校任教,利用上海大学为党培养人才。作为总务长,他积极主持行政工作,明确办学宗旨,规划远景蓝图。其工作中心也随之从北京转移到了上海。如果说北京是他革命火种的萌芽之地,上海便是他革命烈火熊熊燃烧的地方。

他一生致力于学术与理论,也许他不曾持枪上战场闯硝烟,可他却在一次次任教与学术讨论中、在一篇篇文章与演稿中,慷慨陈词,用先进的思想启迪还未觉醒的国人。作为先进的理论家,他不断用理论联系实际,带领上大学生引领社会活动,协助上海工人开展运动,创办工会。

遗憾的是,他最终倒在了国民党反动势力的枪口之下。一位杰出的马克思主义理论家虽就此长眠,可他在学术界宝贵的思想结晶与在监狱中坚忍不拔的意志仍流芳百年。

如果说邓中夏是参与创办上大并在此积极建制改革、引领发展的教师,那龚际飞则是作为上大的学生,在此遨游学海,闻道解惑,最终以己所学报效革命,为革命事业不懈奋斗直至献出生命的另一位楷模。

1903年，龚际飞出生于湖南湘乡。读小学时他便受辛亥革命的影响，即剪掉辫子喊着要革命。可以说自幼时起，就表现出桀骜不驯，敢闯敢拼的硬气。这与他后来成为视死如归的革命战士是分不开的。

1922年，年仅19的他光荣地加入了中国社会主义青年团。后来，他担任湖南省学联委员、全国学联代表，多次领导学生开展运动。次年，龚际飞进入上海大学就读，而上海大学正是邓中夏参与创建的。

在上大就读的日子里，龚际飞加入了中国共产党，并学习到了马列主义基本原理、辩证唯物主义的社会哲学以及历史唯物主义的现代社会学。这些知识在他之后的革命生涯中得到了很好的运用。

结业回到湖南后，他在家乡继续领导学生运动和工人运动。1927年马日事变后，龚际飞赶赴湘潭，参与组织农民工作，为秋收起义做准备。10月7日，龚际飞不幸在长沙福宁里5号被捕。历经十几日严刑拷打，龚际飞凭借坚定的信仰与意志，守住了党的秘密，让秋收起义得以顺利开展，而他自己则英勇就义。秋收起义后，星星之火开启了燎原之势，中国革命事业开启了新篇章。

乡曲之情，履践致远。同为共饮湘江水的湖湘儿女，他们的事迹一直激励着我。有幸来到这所饱含红色底蕴的高等学府，我也想说说我与上大的故事。

在大学之前，我曾两次来到上海探亲旅游。我见过世博会上憨态可掬的海宝和丰富多彩的异国风情，见过东方绿舟和方塔公园的宜人风景。18岁这年我再次来到了上海，开始了四年的大学生活。

离家前，父亲语重心长地对我说："到了大学，大家来自五湖四海，各有各的地域特色。"在大学，"湖南"亦将作为我的标签伴随着我，所以我更应该发扬湖南人"吃得苦，耐得烦，霸得蛮"的精神，体现湖南人的风采。

在"中国近现代史纲要"课程的"辛亥革命"章节中，老师提道"黄兴是辛亥革命时期的先驱和领袖，相信在座的湖南人都再熟悉不过了吧"时，我激动得内心一颤。想起千里之外的长沙步行街，黄兴的雕像正矗立于此目视着来往的人潮。此时此刻，我比以往任何时候都更加自豪我是一名湖湘儿女。此外，在上大，我有幸认识了湖南招宣组的各位老师和学长学姐。我与他们结缘在入学不久后的湖南学子座谈会上，我作为新生代表受颁了新生奖学金。后来我加入了上大湘随特别行动队，协助招宣组撰写生源基地年报，并准备参加寒假回母校的社会实践活动。在上大，我终于明白，以地缘形成的纽带有多么亲切，感化人心。因为我来自湖南，我可以为百年前从上大走出来的湖湘前辈感到无比自豪，也可以在这里找到更多志同道合的同乡伙伴。这便是属于我自己的上大故事。

百年前上大革命先烈的事迹数不胜数，而我在上大的故事仍在继续。湖湘前辈的革命精神与上海大学的红色底蕴在时空的交织中逐渐融合，伴随着我和更多湖南学子在上大学习、成长。湘水浦江曲流长，上大湘随致远方，相关的故事还有许许多多，只待你亲临上大，去探索，去体验。

树在，山在，上大人在

2021级 社区学院 徐珍怡

"囡囡，侬上大的录取通知书来了呀！快拆开看看！"

妈妈一边从邮递员叔叔手中接过我期待已久的录取通知书，一边招呼着我快来亲自开箱，我小心翼翼地打开这个满满当当的新生大礼包……

忙碌的高三生活转瞬即逝，灿烂的六月除去人生大事"高考"之外，便是更为重要的填志愿环节。出于对上大的好奇与对新闻学的热爱，没有丝毫犹豫，"上海大学，社会学类"顺利成了我的高考第一志愿。

徐珍怡

我就这样，如愿被上海大学录取。

伴随着夏日的蝉鸣，姗姗来迟的邮递员叔叔终于携着录取通知书敲响了我的家门，随之而来的还有一本《他们从上海大学（1922—1927）走进新中国》，我不免有些好奇：上大的他们和新中国有怎样千丝万缕的联系呢？我就这样带着疑惑翻开这本书，与众多新上大人一同回望这百年前的漫漫征途，去回顾一代代上大人在救国图存的艰难道路上的奋力拼搏……

"何味辛，江苏松江（今属上海）人。"在众多上大人的身影中，有这样一位吸引了我的眼球。没错，在众多卓尔不群的上大前辈中，我寻找到了一名与我志向相同的松江同乡。

他是上海大学的一名青年教师，与上大师生一同积极参加五卅运动；他是一名新闻人，在瞿秋白的领导下担任了中国共产党创办的第一份日报《热血日报》的编辑；他更是一名革命者，及时报道上海和全国人民反帝斗争的消息，揭露帝国主义的血腥罪行和军阀政府的卖国行径……他不畏险阻，砥砺前行；他坚守新闻正义，恪守职业道德，向全国人民传播着正义之声。

作为一名松江人，他将松江正直善良、勤奋刻苦、爱国爱乡、高风亮节的地方品格带到上大。在中华民族生死存亡的危急时刻，他义无反顾地冒着生命危险与上海大学的其他教授们加入以瞿秋白为首的上大革命编辑队伍，以笔杆作枪杆，成为闪耀在新闻界的革命战士！现如今，以前的江苏省松江县早已不复存在，取而代之的是上海市松江区。作为何味辛前辈的同乡，我再次从上海之根——松江，扬帆起航，有幸与他一样进入上海大学学习。而他也在我正式入学上大之前，告诉我一名怀揣新闻梦的上大新生、一名未来的新闻人应有的职责和情怀！

我牢记何味辛前辈的忠告，心怀憧憬去拥抱属于我的上大生活。入学不久，我便递交了入党申请书。在中国共产党成立100周年与上海大学即将迎来建校100周年之际，作为新时代上大人，我希望通过不断学习与奋斗，与何味辛以及其他众多像他一样为新中国而奋斗的老上大前辈一样，传承老上大红色基因并延续家国使命，踵其事而增其华！我漫步溯园，去细细品味上大百年的风雨兼程，我仿佛看到了一代代上大人的自强不息，他们共同演绎了这可歌可泣、精彩迭出的红色教育史话，赢得"文有上大，武有黄埔"美誉。百年的辛勤耕耘，如今终于桃李满天下。

生活在和平年代的新中国，我得以在上大用心学习，在上大精彩生活，在上大尽情成长，与上大脉搏共振荡！我怀揣着新闻人的志向，努力向何味辛前辈看齐。虽然我不必再如他一样在枪火炮弹的轰鸣声中艰难生存与学习，也不必以笔为戎去为国家的前途呼叫呐喊，但在中国高速发展的互联网与信息化时代，我们的话语权仍要紧紧握牢。新的时代，我们新一代青年人面临着一重又一重的考验与挑战：如何准确而真实地写好中国新闻和讲好中国故事，又该以怎样的形象矗立在世界的舞台？初入大学的我，仍有疑惑。

我牢记何味辛前辈的教诲，尝试以自己微薄的力量去做些什么，去学些什么……在上大自由而又充实的校园生活里，我自学摄影、视频剪辑等技能，悉心"经营"着我在小红书、B站等自媒体平台的账号,记录着我在上大精彩的大学生活,也分享着我的学习技能与经验,全平台几十万的播放量和点击量是对我的认可;我加入学生组织,在大学这个更加宽阔的平台上锻炼着自己工作能力的同时脚踏实地、勤勤恳恳地为同学服务;"书山有路勤为径,学海无涯苦作舟",我不断践行新老上大人"自强不息"的精神,努力学习专业知识,提高自我政治理论修养……一方水土养一方人,勤奋刻苦的故乡品格也许是我与何味辛前辈永远无法抹去的印记。

我想,若何味辛前辈能看见,他一定会为我能够在新中国享受精彩的大学生活并践行着他作为新闻人的志愿而感到欣慰——百年前的一切付出都是值得且有收获的!

乡曲之情,履践致远。曾经,在西南角的上海之根——松江,在这片有着深厚历史积淀的土地上,无数操着吴侬细语的男男女女来来往往,我不知道他们后来前往何方;而有这样一名松江青年,怀揣着对于未来的美好期盼和满腔报国热血,踏上乡间小路。乡间小路延伸到某个不知名的地方,而路上的每个岔口,都将汇聚成光明大道,都将通往一个不一样的、更光明的未来。

在中国共产党成立100周年和上海大学即将迎来建校100周年之际,也许是特别的缘分,让我与上大偶然相见在18岁这最美好的年纪,又让我与我的同乡何味辛前辈时隔百年再次相遇,在百年后的新上海大学学习进步、延续上大的红色基因,继续坚守新闻人的梦想。这是两名松江人跨世纪的接力,也是新上海大学与老上海大学的对话。

这奇妙的缘分大概就是上大选择了我,我也选择了上大的双向奔赴吧!此刻的我,也才能以一名上大人的身份把上大说给你听,说给更多人听。

百年学府,树在,山在,上大人在。

一场红色的邂逅
——我与茅盾先生从湖州中学到上海大学的故事

2021级 社区学院 张伊蕾

1909年,茅盾(原名沈德鸿)先生考入浙江省立第三中学堂(今浙江省湖州中学),开始求学生涯。

2018年,我也如愿考入了省重点学校——浙江省湖州中学。

湖州中学的教学楼以茅盾先生的名字——"德鸿"命名,在这德鸿园中,有茅盾先生埋头苦读的记忆,也有一百年后的我奋笔疾书的身影。此时,我与茅盾先生的距离似乎拉进了些许。伴随着德鸿园里的朗朗书声,三年的高中时光一晃而过。

张伊蕾

2021年的盛夏,我如愿地来到了红色学府——上海大学,在这儿,我与茅盾先生开启了一场红色的百年邂逅。

上海大学,这座以城市命名的大学,历经了峥嵘的革命岁月,培养了一代又一代传承上大精神的学子。在学习上海大学校史的过程中,"茅盾先生"的名字赫然入目,我有一种"同乡见同乡"的激动,使命感与责任感油然而生。随着了解的不断深入,我逐渐地领悟到了茅盾先生身上所具有的"自强不息""先天下之忧而忧,后天下之乐而乐"的上大精神,这亦是我所需要传承的。追寻着茅盾先生的脚步,我来到上海大学,找寻着属于自己的方向。

在这一场红色的邂逅中,茅盾先生身上流淌着的不畏生死、有担当有使命感的上大精神深深打动了我。1923年4月,茅盾先生兼任上海大学教授,成为上海大学教授中最早的中共党员之一。在他任教期间,爆发了轰轰烈烈的反帝爱国运动——五卅运动。茅盾先生毫不犹豫地参加了示威游行,看着许多学生被英国巡捕枪杀倒在血泊中,他也丝毫没有畏缩后退,并在《暴风雨——五月三十一日》中真实地记下了当时的情景,以抒内心的悲愤。由于受到国民党当局的压制,上海各报都不能据实报道五卅运动的真相,也不准刊载反帝运动的消息。而茅盾先生奋不顾身地参加了《公理日报》的编辑工作,连续报道五卅惨案的真相和随之高涨的工人运动。作为中国共产党的党员,茅盾先生有担当,有使命感,积极参加反帝爱国运动,不畏生死,以争取民族独立、人民解放为己任。而今日站在同一片土地上的我,作为入党积极分子,也应该传承这有担当、有使命感的上大精神,在日常的生活中做好先锋模范。虽然如今国泰民安,不需要我们在战场上抛头颅、洒热血,但是,我们都有一份沉甸甸的责任——为实现中华民族伟大复兴而奋斗。从茅盾先生到奋战一线的抗疫医护工作者,他们都向我传递着"请党放心,强国有我"的信号,引导我成为一个有担当、有使命感的时代青年。我的责任、我的使命就是在做好学生本职工作的同时,更多地为身边的同学、为社会服务,实现自己的价值。我也在朝着茅盾先生的方向前行着,课堂上有我专注的神情,学生会中有我忙碌的身影,志愿者里有我坚持的付出……茅盾先生在前,我在后,传承的是有担当、有使命感的上大精神!

"先天下之忧而忧,后天下之乐而乐"的上大精神也在茅盾先生身上展现得淋漓尽致。茅盾先生从走上革命和创作的道路开始,就始终把为党、为共产主义事业奋斗作为自己的理想追求。20世纪30年代,他参加组织了中国左翼作家联盟,和党一起发展革命文艺,团结和壮大了革命文艺队伍,成功反击国民党的文化"围剿"。新中国成立后,作为中国作家协会第一任主席、文化部第一任部长的茅盾先生负责国家文化事业和文学艺术的组织领导工作,为我国文学事业和文化事业的发展做出了巨大贡献。他用文学作品描述了中国民主革命的艰苦历程,用自己的专业与特长为中国共产党的事业奋斗着。在蒋介石发动四一二反革命政变后的四个月,茅盾先生着手写成了《蚀》的第一部,同年11月份开始写作其第二部,于1928年4—6月完成了第三部的创作,在事件发生的一年时间,就完成了对大革命经验的记录和艺术概括。可见,茅盾先生为理想而不懈奋斗的坚定决心,这也是我所需要学习和传承的上大精神。

正如钱伟长校长所言:"国家的需要就是我的专业。"国之所需,我之所行,素履前往,吾心向之。茅盾先生为党、为心中理想不懈奋斗,他在文学创作领域熠熠生辉,为我国的文学创作事业做出了卓越的贡献。而我在步入上海大学的第一年,也是面临专业分流的关键时刻,邂逅了茅盾先生,更加地坚定了我要加倍努力学习,成为一名有思想、有价值、有情怀的上大学子的决心。从茅盾先生身上,我明白了不懈奋斗的上大精神。我所需要的,不仅仅是志存高远,更是脚踏实地。理想往往十分高远,实现理想也不是一蹴而就的,茅盾先生用一次次的革命斗争,用一篇篇不朽的文学作品捍卫着他的革命追求和理想。而我也紧随着茅盾先生的步伐,在上海大学用一张张成绩单去接近我的理想——成为一名对国家有贡献的上大学子!在无数个挑灯的夜晚,或为学业或为学生会的工作忙得焦头烂额的时候,我从未想过放弃,也从未想过敷衍了事。我深知:步入上海大学,是我迈向茅盾先生、迈向理想的更近一步,前有榜样,后有为理想而不懈奋斗的上大精神支撑,我又有何理由放弃呢?终于,我也实现了一个个的小目标:在秋季学期取得较高的绩点,顺利成为入党积极分子,在志愿者活动为更多的人服务……

在上海大学这座充满红色故事的校园里,我们的红色基因愈加活跃,我们为国家做贡献、为上大争光的理想的种子,在这儿播种、发芽。1922年的老上大学子以争取民族独立和人民解放为己任,1994年的新上大前辈为实现国家富强和人民幸福而不懈奋斗着。一代人有一代人的使命,一代人有一代人的担当,作为新时代的上大学子,我们的红色底色是自强不息,把握时代潮流,明确使命定位,谨记钱老教诲,将个人的命运与国家的需要相结合,寻找一条适合自己的发展道路,坚定不移地向前迈进。

就如李大钊《青春》中所言:"以青春之我,创建青春之家庭,青春之国家,青春之民族,青春之人类,青春之地球,青春之宇宙,资以乐其无涯之生。"我们正值青春,我们拥有无限可能,我们也理应传承上大的红色基因,发扬上大的奋斗精神,将接力棒从上大的先辈中接过,去创造上海大学更辉煌的明天!

1923年4月,茅盾先生从浙江来到了上海大学任教。

时隔近百年,2021年8月,我从浙江来到上海大学求学。

上海大学,见证着我与茅盾先生的一场红色邂逅。

乡曲传承　星火致远

2021级　社区学院　黄磊

1922年10月,在那个风雨如晦的年代,一所由中国共产党与国民党合作创办的高等学府"上海大学"横空出世。自此开启了百年上大的红色征程,这段与国家命运休戚相关的史迹缓缓展开。"文有上大,武有黄埔",上大为当时的艰难时局和未来新中国的建设培养出了一大批杰出的人才,一代又一代的上大前辈们前赴后继地投入祖国的建设中,生生不息,他们的精神之火撒遍华夏大地。

黄磊

我的故乡安徽也孕育出了很多为国家做出过巨大贡献的先辈,他们之中来自上大的也不在少数,地域的亲切让我更加清晰地感受到了他们那个年代的故事。

安徽省六安市的裕安区是将军的故里,是鄂豫皖革命根据地重要组成部分,是红军的重要起源地之一。从这里涌现了一大批仁人志士,为新中国的解放事业抛头颅、洒热血,不怕牺牲、甘于奉献。这之中有一位军事家,他没有在功成名就后终其天年,他没有牺牲在炮火连天的战场上,也不是壮烈地倒在敌人的刑场上,可他却用短暂的三十年,写下了一个天才军事家璀璨的人生篇章;他高大伟岸的人格形象,永远闪亮在共和国将星的行列,谱写出一曲碧血壮歌。他,就是上大的前辈,红军的杰出将领——许继慎。

许继慎自幼聪明好学,对古文等尤有天赋。1919年,他参加了五四运动;1921年,他加入了中国社会主义青年团,并参与领导了一系列爱国学生运动;1923年秋,许继慎因在安徽安庆领导数千名学生痛打贿选的省议员而遭通缉,被迫逃往上海,进入上海大学学习,由此开启了他与上大的缘分,进而从上大进入黄埔军校,成为一名优秀的军事家。

> 鼓轮破巨浪,风送夕阳归。明晨云雾散,昂首看朝晖。国事艰难日,英雄奋起时。光阴如逝水,觉醒不宜迟。

求学时的许继慎看到英美帝国主义的军舰在中国内河长江横冲直撞时,悲愤地写下了这首诗。我想这也许就是上大人所代代相传的那股精神。朝晖夕阴,世界每时每刻都千变万化,而我们上大人要誓做看第一抹朝晖的人,无论处于什么样的时代。动荡不安时需要我们去奋起斗争,平静安定亦需要我们去努力维持,要始终心中有国家,足下有脚印。许继慎将军一生都是光明的,纵使他最后被特务所陷害,献出了年仅30岁的生命,他心中必然未曾后悔过他所选择的道路。

王稼祥先生是安徽泾县人,他把强烈的求知欲同探索救国救民的真理联系在一起,通过接触《新青年》《向导》等进步书刊,逐步认识到只有进行民族民主革命,才能彻底拯救中国。同样是领导爱国学生运动而遭排挤,他也来到了上海,来到了上海大学这个被他称为"革命之大本营"的圣地,在这里开始了他波澜壮阔的革命生涯。在整整半个世纪的革命斗争中,王稼祥先生一直拥护着毛泽东的正确主张,对确立毛泽东在中共中央和红军的领导地位起到了重要作用,同时致力于外交工作,为中国革命和建设事业做出了卓越贡献,建立了不可磨灭的历史功勋。

这一代又一代前辈所身体力行去实践的品质,正是上大人所信仰的上大精神,为天地立心,为生民立命,为往圣继绝学,为万世开太平。百年的征程波澜壮阔,百年的初心历久弥坚,上大精神一直在传承着。

18年前,世纪的圣火还在熊熊燃烧,我们带着一个世纪的期盼呱呱坠地;18年后,当中国进入了新时代,我们接过上一代上大人身上的责任,成为新时代的上大青年。

何为青年？青年当如许继慎将军，胸怀祖国，壮志满胸，明白民族盛衰兴亡与我等不可分割；青年当如王稼祥先生，追求进步，向往先进，立志拯救国家民族我等义不容辞；青年当如你我，朝气蓬勃，积极开朗，传承先辈星火，步步燎原。

青年是民族的脊梁，我们定当有顽强拼搏之精神。青年强，则中国强，在物质生活充足的时代中成长的我们，对精神上的自立自强需更加渴求，一个拥有自强不息精神的民族是不会落后于他人的。秉承着上大精神中自强不息的意志，新一代上大人才会走得更远。

青年是民族的希望，新时代青年必须有锐意进取的创新精神。上大一直将创新作为办学最重要的理念之一，每年的创新小组成立与新项目申报都是上大人们对现状的一次又一次突破。正如没有一个人可以预知一个婴儿的将来，对于今天的我们而言，没有人能预估我们的未来，富于想象力的我们，敢于实践的我们，一定会把我们的祖国建设得愈发强大。

青年是民族的骄傲，一个又一个以青年为主角的新闻传来，祖国一次又一次因为青年增添光彩。上大青年也在时代洪流中稳定前进着，当世人都认为我们这一代人在乎快乐多于在乎荣誉的时候，我们用实践证明，我们为国而奋斗的心从未弱化。

钱伟长老校长曾说："我没有专业，国家的需要就是我的专业。"这是多么大气的一句誓言，而现在，上大精神的旗帜已经传到了我们这一代上大人的手上，中华民族伟大复兴的中国梦需要我等上大人为其添砖加瓦，这段青春，必定是一段不甘平凡、拼搏向上的岁月。

少年力微仍系国，岂可守旧不求进。

那一段段上大人在我家乡所留下的乡曲，一直在我们皖派青年中传承着。

上海大学的红色基因，生生不息；上大精神，必将代代相传。

千里相望　手手相牵
——乡曲之情，履行践远

2021级　社区学院　赵娅利

赵娅利

"葬我于高山之上兮,望我大陆;大陆不可见兮,只有痛哭！葬我于高山之上兮,望我故乡。故乡不可见兮,永不能忘！天苍苍,野茫茫,山之上,国有殇！"1962年,已是风烛残年的于右任与大陆隔海相望。这位"三十功名两袖风"的老先生在1922年10月创办上海大学并担任校长。艺术家陈志岁先生对他评价道："爱国情深,隔海时时望大陆;拯民志定,领军早早应中山。"于老一生朴素,却办校多所;一身反骨,却又是难得一趣人。他将上海大学定位为"不是一个死读书本的学校,而是一个与革命密切结合的新型的社会学校"。秉着这个办学理念,老上海大学教育出许许多多的学子,为当时的革命事业做出了巨大贡献。例如恽代英、阳翰笙、萧楚女、张治中、曹渊、许继慎、邱清泉等人,皆是由上海大学走出,后来保家卫国的英雄先烈。

所谓"北有五四时期之北大,南有五卅时期之上大",老上海大学作为五卅运动的策源地,在革命历史上有着不可磨灭的踪迹。在于右任和邓中夏、瞿秋白、叶楚伧、邵力子、韩觉民等人的共同努力下,上海大学由开办到被迫关闭的不到五年时间里,为黄埔军校输送了一大批学员,在大革命时期起到了重要的作用。上海大学很快成为第一次国共合作时期在国内很有影响的一所大学。

说起上海大学,就不得不说曾任教老上海大学或在老上海大学学习的师生们。于右任一生致力于爱国事业,在教育上下了很大功夫。他不仅是上海大学的创办人,同时也是复旦大学、国立西北农林专科学校(今国立西北农林科技大学)的创办人。他出生于陕西,晚年在台湾度过,一直期盼着能够回到自己的家乡。他善书法、喜作诗,晚年诗作多眷念大陆之情,其《望大陆》感人肺腑,引无数与大陆隔海相望的游子热泪盈眶。

在于右任老先生创办上海大学的同时,马克思主义者、无产阶级革命家瞿秋白也跟随他一起开展着伟大的教育事业。他在上海大学担任教务长兼社会学系主任,发表了《现代中国所当有的"上海大学"》,为上海大学的发展制定规划,设想把上海大学办成为"南方的新文化运动中心"。事实证明他成功了,虽然国共第一次合作破裂后老上海大学也随之关闭,但不可否认的是,在那段时间里,"文有上大,武有黄埔"是大家的共识。这位出生在江苏的伟大革命者,一生致力于宣传马克思主义,梦想美好生活终将惠及每个中国人。他为革命事业做出了巨大贡献,最终在1935年被捕,写完绝笔诗后,在罗汉岭从容就义,结束了他光辉灿烂的一生,年仅36岁。值得一提的是,瞿秋白所担任主任的社会学系一直传承至今,现在上海大学的社会学在世界学术界中有很高的地位。

从于右任老先生和瞿秋白烈士的事迹中,我们可以看到,上海大学的红色文化是根深蒂固的。我所出生的地方也与红色文化有着密不可分的关系——山东沂蒙。

乡曲之情,履行践远。走在上海大学的溯园中,思念着一千多公里外的家乡,我在思考这浓浓的乡曲之情如何履行践远。一位学长给了我答案——邵珠学,山东省临沂市"十佳大学生村官"之一。他从上海大学研究生毕业后,在出国和当村官两条路上选择了后者。他说:"中国的未来在农村,不了解农村,何以了解中国?"他思维活跃,点子多,是典型的90后年轻代表。在国家扶贫的号召下,他积极投身扶贫事业,扎根基层出实招,满腔热血为人民。学长所任职的地方就是平邑县地方镇千行庄村,这是一个贫困村,以黄桃种植为主。怎么帮助农民们增收是他到村后考虑的第一件大事。他通过与有关公司商议合作,利用他们的销售平台为农民们拓宽销售渠道,增加农民收入。不仅如此,村里有几个果农想要通过小额贷款改良果树,可不知道如何借贷,他们找到邵珠学请求他的帮助。邵珠学义不容辞,三伏天来来回回终于为果农贷下40万元,村民们都对他赞不绝口。

他说:"村民们对我说的那一句'谢谢',是我在校园里修多少学分、发多少论文、拿多少奖学金都比不来的。"这句非常接地气的话对我触动很大。是啊,在学校里,我们努力学习、广泛涉猎、参加活动、投身比赛,最终获取荣誉、赢得掌声。可真正走出学校进入社会,才发现拿出自己的真才实学为老百姓做贡献是最让人幸福和快乐的事情。

习近平总书记指出:"扶贫先扶志,扶贫必扶智。"在这场脱贫攻坚战中,上海大学发挥高校育人优势,以"扶志+扶智"双向发力,为脱贫工作贡献了上大力量。作为一名上大人,邵珠学学长始终秉承着"自强不息""先天下之忧而忧,后天下之乐而乐"的校训精神,在扎根基层的脱贫一线上,留下了奋斗的足迹。

现在我已走进了溯园,伫立于《五卅运动》浮雕面前,如何"履行践远",我好像有了些眉目。我想起上海是中国共产党的诞生地,它孕育教育,而教育也成就这所城市。上海大学的红色基因深厚悠长,始终把赓续红色基因作为历史使命和时代责任。这让我想起了我的家乡沂蒙。"吃苦耐劳、勇往直前、永不服输、敢于胜利"的沂蒙精神早已刻在我的骨子里。突然,浮雕好像动了一下,我明白了,心系乡曲之情,必能履行致远!此时我感觉与故乡千里相望,我们手手相牵。

乡曲之情　履践致远

2021级　社区学院　郑丝雨

千里冰封,万里雪飘,那就是我家乡吉林省的冬天。脱口秀演员李雪琴曾这样描述北方的冬天:"冷"也是有味道的。那是一股带着冰碴,裹着街道小吃冒着的热气,杂糅着过路汽车尾气的味道,谈不上好闻,只是随着呼吸产生的白气上飘到眼前,一股亲切的归属感便油然而生。

离开家乡才发现,"健康码"只有在吉林省才有那样可爱的名字——吉祥码,就仿佛一个抱着鲤鱼的小娃娃憨态可掬地出现在你的面前,暖意顺着嘴角挂上心头,配上大雪独有的浪漫,那些年长大的日子便都历历在目了。

郑丝雨

北京2022年冬奥会顺利开幕,世界各地的运动健儿纷纷北上,雪的激情燃烧在亮眼的赛道上,冰火交融出浓烈的新鲜感,仿若雄鹰振翅腾飞,红梅傲雪绽放,烈风吹落青松枝头雪,热烈向上,肆意张扬,体育精神蓬勃生长,亲切的东北话在冬奥会中流转,平添许多乐趣。

皑皑白雪,浩浩青松,朔风中黑漆的山脉绵延融进我的血脉,分明的四季让春华秋实变得生动鲜活,热闹的二人转,厚重的棉大衣,山间悬挂的野葡萄,冬天可爱的傻狍子,一点点编织我的童年,高考备考的一年中,繁重的书本前,总喜欢抬头眺望绵延的远山,挣扎着想要去山那边看看。

  2021年夏，我第一次对自己的能力进行考量，对我的未来进行预估，高考成绩化作一张飞往上海的机票，背上行囊，我正式成了一名上大学子，家乡开始真正被定义为诗里的家乡。

  我跳出被规划好的高强度的做题训练，从高中走向大学，在上大，我见到来自五湖四海的同学，他们有着不同的口音，不同的生活经历，千山鸟飞绝，万径人踪灭的凛冬成为我一个人的家乡。认识新的朋友，也见到了新的自己，多样化的学习生活与排课方式给了我独特的学习感受，三学期的学期划分更是让我手忙脚乱地开启了学习之旅，我还没来得及认识上海这座城市，就先面临了考试周的紧张无措。

  就像是溪流汇入大海，波涛浪潮都是风景，日出日落都是画卷，它在大海的浪潮中翻滚，在大海中找到并重塑自己。

  寒假再回到家乡，心境发生了轻微的变化，看着母校忙碌的学弟学妹们，心中充满了感慨与回忆。高三教室里的晚霞，冬天早起时泛白的天空，凌晨才熄的灯火，白天化了夜里又冻上的冰碴，那些用风油精提神的日子一年一年在循环。教室里埋头苦学的人，永远凉不下来的仲夏，那些属于我们青春的回忆被另一群人接手，怀揣着同样的梦想，在无数个困倦的早自习惊醒，看看窗外挺拔的青松，拍拍自己的脸颊，迫使自己清醒，继续面对下一个难题。

  宣讲也变得亲切而生动起来，跨过时空，我们和从前的自己对话，没有人比我们更了解那是一种怎样的焦虑，把未来握在手里是多大的压力和无措，甚至无法消解。我想起从前我的学长学姐宣讲的时候。那时我坐在讲台下，穿着全校统一的校服，桌上摞着两沓卷子，看着他们站在讲台上闪闪发光，带回大学的所见所闻，彼时我满眼艳羡。而今因为疫情的缘故，我们采取线上宣讲，除却同学，还有家长也参与其中，不少人借助评论询问大学的相关内容，我能想象到他们正如从前的我们，一届一届，生生不息。

  正因有了宣讲活动，从前的我在闭塞的高三生活里发现了一个通往未来的窗口，在学科交织的网格里看到大学社团的多姿多彩，看到同学们一起出行参观的新奇有趣，看到了可自我支配时间的自由愉快，这些在我的高三生活中燃起一把火，支撑着我在冬夜里苦读，在困倦中清醒，把那些繁华的想象落实成鲜活的生活，我的学长学姐仿佛从未来走来，给我一个向前的拉力，于是我的前进就有了动力。

而今换为我向学弟学妹们分享,他们的未来尚未知晓。《论语》有云:"取乎其上,得乎其中;取乎其中,得乎其下;取乎其下,则无所得矣。"一个清晰的目标对未来有着十分重要的意义,漫无目的的坚持,再强大的意志也无法到达彼岸,高三复习的压力铺天盖地席卷而来,在负重赶路时抬头仰望星空,明白自己身在何处、去往何方;当四面八方的人们都劝你走不同的路时,有自己判断的勇气,因为任何选择都有利有弊,我们把未来的可能呈现给如今的他们。古语有言:知己知彼,百战不殆。在人生的道路上,先了解再选择是对自己的负责,在18岁的年纪,承担起自己的未来。

上海大学在我的家乡招生人数不多,从北到南的远距离,气候饮食的差异把许多人的恐惧放大,大学是离开父母的一场浩大的远行。我曾在宣讲中询问学弟学妹对于理想的城市、理想的大学、理想的专业的想法,他们纷纷给出了不同的回答,但目标都是超一线或一线城市的大学,专业也都是热门专业。对于未来,所有人都是满怀希望,期盼美好的。从前我也是如此,但经历了高考后,我开始明白,能力的匹配是多么重要。分数段的划分给每个人分了等级,并非没有考低分入好学校的例子,当我们惊羡其天赐的好运时,忘记了这给这些人带来的问题,"人的一切痛苦,本质上都是对自己无能的愤怒"。环境与自身能力的差别很可能造成极大的心理压力,许多选择看似美好,实则背后隐藏的往往是加倍的痛苦。

如果要选择一个理想的远方,那么上大正是我的选择。初来时的紧张懵懂,从高中学姐到大学学妹身份的转变象征着我新征程的开端,在多姿多彩的社团活动中,在多元化的通识课程里,我们一起讨论策划义卖,一起设计完善文稿,一起运营公众号,一起完成课题任务……那些从前离我很远,我所渴望的生活,一点点拨开迷雾,变得鲜活起来,我可以成为作者、领导者、参与者、策划者、创造者、发现者……成长所带给我的快乐都在上大展现得淋漓尽致。上大优美的校园,湖边低垂的杨柳,绕树盘旋的乳燕,水中活泼可爱的锦鲤,还有如烟似梦的烟雨江南在此中行走,仿若走在戴望舒清幽的雨巷里,期待遇见一个撑着油纸伞、丁香一样的姑娘。上大的这一切,都让人期待一场灵魂深处华丽的蜕变。

从故乡到上大,生活的车轮滚滚向前,无论身处何处,都要拥有理想的远方,脚步不停,目光永远看向前方,坚定自我,积跬步,至千里。鲁迅先生有言:此后如竟没有炬火,我便是唯一的光。如今星星之火已成燎原之势,不负先辈所托,这盛世旷达远博,有志之士为民生奔走,四面八方都是炬火,于青春之年,承先辈之愿,以小我之力,发片刻微光。

从常州到上大
——追寻瞿秋白先生的足迹

2021级 通信与信息工程学院 蔡盈盈

父亲祖辈来自江苏省常州,这昔日苏南抗日根据地,北望江水,南拥西太湖。一方水土养育一方人,滚滚长江东逝水,浪花淘尽英雄。1899年1月29日,瞿秋白生于常州府青果巷八桂堂花园天香楼。我曾有幸与长辈们参观了位于常州的瞿秋白先生纪念馆,而拜访纪念馆,就像是从梦境踏入现实:不论是阅读纸质历史资料还是浏览电子资料,都是与置身于历史主人公生活之所感受不同的。正值暮春,清风穿堂,翻动了张张沉重的书页。

蔡盈盈

纪念馆位于延陵西路上,与周围繁华都市的气息不同,瞿秋白纪念馆散发出一种闹中取静、幽雅怡人的气质。四合院式仿古建筑,瞬间将参观的人们拉入昔日年代;粉砖黛瓦,谱写江南特有品格;长檐耸脊,围出方正天井;馆内植有桂树、梅花、月季、罗汉松,听说都是瞿秋白生前喜爱之木。还未踏入室内参观,已觉屋主人之清雅高洁。

展览大厅陈列着瞿秋白生平事迹的照片、文字、实物和雕像。我在进入馆内参观前曾了解过瞿秋白先生的个人经历。瞿秋白出生自官宦之家,从小喜欢读书,写得一手好文章;然而辛亥革命后,家道中落,母亲因为贫穷压迫而自杀,一家人从此流离失所;瞿秋白只能依附于他人的救济而维生,他求学时把进入北京大学读书作为愿望,但是没有经济来源的年轻瞿秋白,只能靠堂兄瞿纯白的接济就读于俄文专修馆。这些经历,让他比同龄人更深刻地明白生活的苦难。走上革命道路的他,毅然决然地加入了中国共产党。

参观的时候我还在念初中,始终忘不了瞿秋白先生在投身伟大的革命事业时遇到的种种危险,我忘不了他极具文人气质的忧郁,我忘不了他在迷雾中负重前行心向光明。作为重要的革命理论家,他的著作无疑奠定了中国无产阶级的理论基础。从俄国十月革命开始,瞿秋白陆续开始在国内"黎明前的黑夜"中传播其翻译的革命著作,无论是普希金还是托尔斯泰,他们的作品无不影响着五四新文学运动的参与者们。

瞿秋白先生也具有文学情结。《人民日报》曾讲述文学的当下意义,作者曾凡这样写道:"文学是人类价值生长的过程,也是人类文化的镜子,它照耀着人类的灵魂,同时也照耀着人类的行为,使人成为人。"而当年的瞿秋白先生,正做着"照耀"这一件事——在为郑振铎翻译的俄国小说《灰色马》所撰写的序言中瞿秋白阐述道:"那伟大的'俄罗斯精神',那诚挚的'俄罗斯心灵',结晶演绎而成的俄国的文学","这是俄国社会生活之急遽的瀑流里所激发飞溅出来的浪花,所映射反照出来的异彩"。瞿秋白便是不断地追寻"时代精神"的革命人,讨论着社会生活与艺术真实,论证了作家的意义在于对社会生活的忠实反应和对时代精神的准确传达。

在临终绝笔《多余的话》中,瞿秋白一再自称自己为"脆弱的二元人物",其中,他称最重要的一元即是作为文人的他。身处时代风云跌宕起伏与个人命运载浮载沉的交叠中,瞿秋白在现实与文艺中折返往复。他对文学一如既往的眷恋与热爱支撑起那段身心憔悴的黑暗时光。瞿秋白还自称为"柔弱敏感和内省型心态之人",可每当革命事业遇到困难时,瞿秋白从来没有离开,他推动着无产阶级事业,著作《饿乡纪程》,作为报告文学集,全面报道了俄国十月革命后的社会变化,试图为中国寻求新生道路。我向来对心思细腻的文人有着潜意识的同理心,瞿秋白先生让我仿佛看到古代忧国忧民的文人骚客。漫漫江水奔跑向大海,我只是觉得,无数的历史堆叠在浪花里,一遍又一遍地冲刷着江岸,离开,却又紧紧接上。

我家在上海,高中时候自己也越来越忙,没有机会回常州兜兜转转。高考后，我顺利考取上海大学，在收到录取通知书后，我意外发现"大礼包"中的书籍介绍了瞿秋白先生与上大的渊源。我一下子仿佛觉得我追寻的脚步又进了一步。1923年夏天，瞿秋白担任上海大学教授，并担任教务长兼社会学系主任，同时还兼任过上海大学支部书记。那时的上海大学，由国民党元老于右任担任校长，瞿秋白、邓中夏、茅盾和陈望道等都在上大任职。瞿秋白到任后，积极参与学校建设，他在《现代中国所当有的"上海大学"》一文中写道："近几年来由空论的社会主义思想进于更有系统的社会科学之研究，以求确切的了解其所要改造之对象，亦即为实际行动所推演求进的结果——这确是当然的倾向。"可见，政治斗争的选择没有遮蔽瞿秋白的教育观，相反，其政治理论让他获得了更为开阔的视野和胸怀。在社会学系任教的他，培养了一批又一批具有进步意识的文艺青年，如丁玲、戴望舒等。

看了在开学迎新晚会上播放的介绍我校红色基因的视频，我更加意识到我将开启四年求学时光的上大是当年共产党人培养革命者的学校。瞿秋白所开设的"现代社会哲学""现代社会学""现代民族问题""社会科学概论""新经济政策"等课程，为进步青年们带来马克思主义社会科学之风。

瞿秋白曾指出，上海大学的学生应具有时代性、革命性，以担负改造社会的重任。我作为大一新生，在上大的一个半学期内，逐渐感觉到这句话无论放在哪个时代都是极具真理性的。如今我担任上海大学学生社团发展中心的宣传部干事，负责官方公众号的推文制作与发送。每次撰写文案、调试排版或是思考制作什么风格的封面时，都思索着怎样才能更完整地展现上大学子在社团活动、建设中的成长与精神风貌。作为新时代青年，我正在尽我全力去用知识武装自己，希望能在未来为自己的专业多做一些贡献。

上海市虹口区，瞿秋白旧居坐落于此。梧桐下，是20世纪二三十年代兴建的里弄住宅。"我总想为大家辟一条光明的路"，这是瞿秋白所呼喊的，我想，我们荣幸地走在前辈用血汗铺成的路上，同时，我们也在谱写着新时代属于我们的道路。

上大,向你而来,与你结缘

2021级 文学院 陈晓洋

惊喜无法预知,却又无处不在。

当收到上大录取通知书时,便被那抹红色吸引,也欣喜于锦鲤书签的精致和盲盒校徽的期待。泮溪、乐乎、尔美……这些美丽的名字一下子便与我有关了,隐隐约约,是掩藏在时间背后的注定与无法言说,尽管身处无锡,我却知道它离我很近。

不久之前我还是高中校园内意气风发的少年,有着肆意的张扬和骄傲,每日经过的是校舍中的钱伟长楼,聆听的也是校友钱伟长先生弃文从理一心报国的事迹。那些句子、那些事迹宛如

陈晓洋

藤蔓般缠绕,渐渐汇聚成心底的羁绊,成了伏脉千里的隐喻和象征。所以当我来到上大,看到钱伟长老校长的雕像是那样和蔼亲切,我就一下明白这羁绊并非无影无踪,而是早就有迹可循。

钱伟长老校长,是苍茫远去的光荣与坎坷。那时的祖国大地,历经风雨,百废待兴,便有红色的上大,便有以钱伟长为代表的一批热血国人,虽历经着苍茫风霜,却总有报国之情。曾经在高中的红墙绿树中穿行成长,耳濡目染皆是赤血丹心,钱伟长先生的微笑在雕像上似是活的,传递着穿越当年时光悠悠而来的坚定。那时的钱先生是清华大学历史系的高才生,却在听到九一八事

变的消息时,愤然拍案,弃文从理,一切推翻,从头再来。他说:"政府讲不要抵抗,因为人家有飞机、大炮。我听了以后火了,下决心我要学造飞机、大炮!"作为一名历史系的学生,我知道这个决定的分量。文史与物理,两个完全不同的体系,将言笑春秋的浪漫粉碎,直接面对的是冷冰冰的数字,飞机大炮热武器,强大的威力背后是严谨苛刻的计算,分毫不得差。物理5分,数学化学一共考了20分,这是最初决定弃文从理的钱先生。所以,是什么支撑着他从物理5分变为一代物理大师?那一腔热血报国之心便是答案。他说:"我没有专业,国家的需要就是我的专业。"于是,一年后他的数理分数都超过了70分,五年后毕业时,钱先生已经是物理系最优秀的学生之一。人生的轨迹就此改变,先生本该是文史学家,却因抗日与强国的愿望,成为中国现代力学之父。乡曲之情,履践致远,钱先生是无锡的骄傲,更是整个中国的骄傲。何其有幸,高中时得遇先生,先生是我的校友,大学再遇先生,先生又是我的校长。愿随着先生的脚步,延续红色血脉,为国尽我等青年之力。以青春报祖国,以热血敬中华,不负多年求学所得。

  时代在改变,我们不用经历当年的炮火连天,不用面对列强的欺辱镇压,我们仰望着当年的星星点点,我们跟着他们留下的那道光,前行得自信昂扬。如今,我们求学于上大,翻阅着时代的卷章,目光所及之处皆是和平与发展,却也不能忽视这和平之下的暗流激荡。我们处于大变革大发展的时代,我们正穿越着时代的三峡,报国之志仍存于心,努力求学才能为祖国发展贡献力量,助祖国平稳前行于世界的惊涛骇浪。

  之前,我从未想过能成为上大的学生,而如今,它就在我的面前,无比清晰。我终于以上大江苏文科最高分走进了它,它便不再是只存在于明信片上的静态图片,不再是网络介绍上的浮光掠影,它现在是我生活的一个部分,真实而又美好,值得我在接下来的日日夜夜与它相拥,感受它、了解它,接受它的馈赠也为它努力。它是我的学校,也是我的骄傲。

  来到上大,是我之幸。我曾在午后阳光中与泮池的水色相偎,也在走出图书馆时看见纯澈的黑夜与朗月清风。泮池边的鸽群和泮池内的锦鲤,皆是一眼就使人沉醉的风景。我爱看上大的景,更愿赏上大的人。我看见考古课上侃侃而谈的身影,那是徐坚教授。他随性的气度,有着田野考古的严谨准确和优雅从容的学者风范。他向我展现了课堂不是照着书本念便可,课堂是探索,是交流。他让我知道田野比围椅更接近真实,他告诉了我什么是实践,什么是真知。他让我知道了除了书本,大千世界竟还有诸多未知等待探索。身处上大的教室之内,我的目光却已经透过他的讲述抚触到世界各地,新的天地在我的面前铺展开来,我开始探索,怀疑,摒弃,相信。我想这就是上大老师的魅力,他们会指明道路,以翩翩风度令人倾倒,让你不自觉沿着学术之路前行。在这路上,你会看见他们的脚印,却不会踩着他们的脚印,你看见他们的研究,但更想做的是自己的探索。在上大,你会遇到各种风格的教授导师,或风趣或严谨,或潇洒或和蔼。你呼吸着这里的空气,学术自由的清新便弥漫在这空气之中,于是你能感受到,这已经是一种风气了,我愿称之为无比富有生机的上大风气。在这里,老师们向你展现了更多可能。我动容于黄薇老师在课下与学生就学术问题进行深入探讨时的热烈与投入,我也在曹峻老师课上被教导尽信书不如不信。学会质疑,学会自己前进,是上大老师给我的一份礼物。上大老师不止是在教书,更是在育人,就如赵影老师会给我们安排的课外讲座,让我们获得了更宽阔的视野,以更包容的心态面对社会,关心他人的生活与成长。没有上大老师的教导,就没有我进入校园后取得绩点第一时的激动与感恩。上大的老师是志士,是志在让我们成才的志士。能够有幸遇到这样的老师,能够在这群志士老师身上感受、学习上大品格,这不能不说是一种机缘。

上大即将迎来建校 100 周年,回望这百年,是筚路蓝缕,是风雨兼程,是红色的百年,是奋进的百年。有幸成为上大人,是循了故里先辈的指引,在钱伟长先生的感召下来到这红色学府;有幸成为上大人,是承蒙了上大师长的引领,在他们的带领下前行,为上大更光明灿烂的未来献一份力量。

把上大说给你听,希望你能听到它的美好,希望,你也能成为一名上大人。

携上大之精神　赴振兴之征程

2021级　社区学院　薛探

2021年,是中国共产党成立100周年。这一百年来,我们党历经风雨征程。从当年的几十人,到如今的千万人;从社会主义革命初期的开天辟地,到今日新中国的顶天立地。如今,我们可以自豪地说:"我们,是中国人!"

在江苏广袤的大地上,红色文化图谱熠熠生辉。在党的初创时期和大革命时期,江苏是我们党活动和战斗的重要区域,是党的早期领导人周恩来、瞿秋白、张太雷、恽代英的家乡。刘少奇、邓小平、刘伯承、陈毅、粟裕等革命先辈,都在江苏的大地上留下了战斗的足迹。这片土地上,承载着红色精神,万古长青。我,作为一名江苏人、一名时代新人,当如习近平总书记说的那般"把红色资源利用好、把红色传统发扬好、把红色基因传承好"。

薛探

2022年,是上海大学建校100周年。想当初,上大成立时,正值国父孙中山于广州蒙难脱险,留驻上海,筹划改组国民党,培养革命人才之际,他对上大甚为关注。他希望上大办成"以贯彻吾党之主张,而尽言论之职责"的革命学校。上大集中众多共产党员,成为早期中国共产党在上海的一个重要活动据点。四一二反革命政变发生后,帝国主义和国民党称上海大学是"赤色大本营"。

上大因其历史功绩和地位,被誉为"北有五四时期之北大,南有五卅时期之上大",更有"文有上大,武有黄埔"之美名。上大跻名当时的中国一流名校,培育出许多重要的国共两党领袖人物。

于此,我想详细地介绍一下出身我家乡江苏的一位英雄——瞿秋白。瞿秋白先生于1899年1月29日出生在江苏常州,是中国共产党早期领导人,无产阶级革命家、理论家和宣传家。从1925年起,瞿秋白先后当选为中执委委员、中央局委员、中共中央政治局委员、中央政治局常委。1927年8月,在中国革命的危机关头,瞿秋白主持召开八七会议,在会上确立了实行土地革命和武装起义的方针。除此之外,瞿秋白还在文化战线上打开了新的局面,为中国革命文化事业做出了不可磨灭的贡献。1935年2月,瞿秋白在福建长汀转移途中被捕,敌人得知他的身份后如获至宝,采取各种手段对他利诱劝降,但都被他严词拒绝。6月18日临刑前,他神色不变,坦然走向刑场,沿途高唱《国际歌》,到刑场后盘足而坐,回头微笑着对刽子手说"此地甚好",即饮弹洒血,从容就义,时年36岁。敌人可以消灭一个革命者的肉体,但是正如鲁迅先生指出的那样:"瞿秋白先生的革命精神和为党为人民的崇高品格是杀不掉的,是永生的!"他的崇高精神永存于世。瞿秋白先生,作为上海大学教务长,诠释了何为"老上大精神",诠释了何为"红色学府"。他深深地激励着我,指引着我。我将以"民族复兴"为己任,不断努力,不断前进,履践致远。

时间的车轮滚滚向前,我们不忘初心,砥砺前行;继承传统,推陈出新;不负韶华,不负使命。在众多上大人的不懈努力下,上海大学已经成为国家"211工程"重点建设的综合性大学、教育部与上海市人民政府共建高校、世界一流学科建设高校。上大的生活,也是那么令人陶醉。闲暇之余,你可以随时随地骑上一辆共享单车,酌一场能醉天地的晚风拂柳。在泮池旁,欣赏那鸟语花香,也让猫咪来治愈你在学业和生活中的劳累与创伤。若你不想,也不必迷失方向,每个图书馆的门都会永远对你敞开。这里,有中华的上下五千年任你品读,也有世界各地的知识任你徜徉。也许你会有迷茫,但不必惊慌,这里有无数的人在你身旁,为的只是能和你共赴这盛世的繁华。"自强不息""先天下之忧而忧,后天下之乐而乐",这不仅仅是我们的校训,也是无数人奋斗一生的方向。在这里,每一次的黄昏都是为了更好的曙光。过去是如此,现在也是这样。短学期制的独特,让你在别人焦头烂额备考的时候,漫步大上海,怡然欣赏风光。近年来,上大蒸蒸日上,在国内外都取得了很高的认可度,并朝着更好的方向发展着。

　　每每想到上大,自豪总不住地在心中澎湃,情到深处无法自拔,便也有诗一首:

上大百年

重楼叠宇天穹遥,彩霞云落又一宵。
十方学子万旗举,百年风雨一幕撩。
四顾大钊真情寄,千刑秋白冷眼飘。
无愧自强凌云志,今夕黄昏为明朝。

　　来吧,让我们一起携手上大,共赴山海,就像百年前的上大人那样!

主题三 立德树人 润物无声

师恩如海　无以言谢

2016级　管理学院　庞瑞琪

离家求学10余年,上海大学始终是我学习、生活和成长的地方。2010年进入钱伟长学院,我第一次从顾传青院长那里知晓了上海大学的建校史。这是一所流淌着红色血液的学府,革命先辈们曾经为了理想在此地奋斗,而传承了自强不息精神的新上大在短短的20多年里焕发了蓬勃生机。生活在这有着百年历史的学校中,我总是能够感受到校园的活力,还有一种与学校共同成长的自豪感。

庞瑞琪

也是在钱伟长学院,我得到了跟随导师储雪俭学习的机会,也很感谢管理学院与钱伟长学院的联合培养模式。我时常和家人、朋友说,能够做储老师的学生是迄今为止让我感到最幸运的事。进入管理学院就读研究生以来,我在现代物流研究中心跟随储老师学习已6年有余,记忆中储老师很少会拒绝学生的请求,当我提出想要硕博连读时,电话那头储老师也只是笑着说好。其实当初只是想再跟着储老师多学一点,但时至今日我仍旧忐忑自己的学业不精是否给老师造成很多困扰。储老师时常教导学生不要闭门造车,学习商科更要多看世界,多与企业和市场接触。日常,储老师总是创造机会带我们外出学习,不知不觉中,我已跟随储老师踏遍祖国大片山河。吹过福建的海风,路过鄂尔多斯的沙漠,穿过川渝的繁华街市,看过河西走廊的落日余晖,即使是现在,储老师也在不断前行的路上,仿佛不知疲倦般,留给我们的是永远令人安心的背影。

  现代物流研究中心的老师们也是我遇见过的最可爱的一群人。已经退休的郭老师总是笑呵呵地帮助我学习上海话,一遍又一遍地教我发音。小白姐姐在外出学习时教会了我很多,也从不吝啬分享,生活中也总能和我们玩到一起。曹老师明明块头很大,但性格却无比温和,总是非常可靠。纪老师就像我的大姐姐一样,会关心我的生活、社交、学习和情感,我们总是无话不谈,即使有时做错了事,她也总是包容我、引导我。每次我都笑称办公室就是我上海的娘家,即使以后毕业了也会像前辈师兄师姐一样常回家看看。我想研究中心的氛围一定受到了储老师宽和温润性格的影响,不仅是学习和工作的严谨态度,就连待人接物和为人处事的方法也深深地影响着我们每一个人。

  储老师总是教导我们要系统思考、团队学习,一个人的力量总是有限的,要懂得分享与合作,不管是学习还是生活都不能只考虑自己。回想过去10年,我的性格也发生了很大变化。记得刚到研究中心时,我因为胆怯不敢和老师们打招呼,在陌生的环境中面对陌生的师长只觉如坐针毡。储老师察觉后与我聊天,温和地给我建议,在外出学习时会让我多和别人交流,多思考多提问,不要害怕出错。后来我每次大方与人问好,或是自信站上讲台演讲时总能想起那时在背后推了我一把的储老师。虽然以往因稚拙的处事也闹过一些小插曲,但储老师在外总是对我们这些学生多加维护,除了一些为人立身的原则问题,储老师很少对我们严厉批评。因此,每次外出学习,只要储老师在,我们心中都十分安定,胆子也大了很多。我常常想以后独立工作时,是否能够做到如储老师一般勤勉专注又从容不迫。

  生活上,我也受到了很多关照。储老师时常询问我们的生活和情感状况,不吝为学生提供帮助。有几次组会结束后闲聊,储老师听到我们抱怨伙食后,外出就餐时总会特意叫上学生们一起。逢年过节也会关心学生是否一个人,去年中秋我独自在校时,储老师与爱人蒋老师也邀请我一起过节,因此缘故我在沪少有孤独失落感。由于系里和研究中心都是女生偏多,女性之间的感情总是格外深厚。小白姐姐和纪老师对我们学生也多有关照,与她们聊天总能够获得鼓励与欣喜,从不必担心言多有失。这些年,几乎每一届学生都去过纪老师家中聚餐,每次都有聊不完的话题和品不够的美食。每到秋高气爽、菊美蟹肥的季节，纪老师总会叫我们去家中吃大闸蟹，大家开开心心地畅谈未来，在温馨又富有艺术气息的屋中合影留恋，照片里每个人的脸上都洋溢着幸福的笑容，每次翻到都会不由自主地感到愉悦。

每到毕业季，储老师都特别关心学生们的去留，不遗余力地帮助学生推荐看好的企业，并不时询问进度。很多毕业的师兄师姐都去了合作单位，比如业界有名的传化、普洛斯、安通集团、嘉里大通等。往届毕业的师兄师姐们也都非常热心，即使从未见过面也会耐心地为学弟学妹答疑解惑。不管学生志向如何，只要坚定信念，立身正直，不负祖国，不管什么时候遇到任何困难，储老师永远都是学生们的精神港湾。毕业的学生们去往了祖国的大江南北，仿佛星火散布，师门的情谊、校友的情谊像一根无形的丝线将彼此联系在一起。每当我走在陌生的城市，想到同门曾经或当下在这里奋斗，就好似心中有了一丝熟悉，也许是维系情感的纽带滋生了勇气，驱赶了心中的孤单与恐惧。

从学习、工作、情感到生活，储老师对学生们的关心，就像一位对儿女充满自豪与担忧的父亲。对于远离家乡独自生活的我们来说，储老师的教诲如师如父，跟随老师求学的时光比陪伴家人的时光更加长久。除了专业知识，老师在人格品性、观世识礼方面对学生的影响是巨大的，很幸运我遇到了一位好老师，拓宽了我对专业、对世界的认知边界，甚至改变了我的人生。每当和父母家人提及老师，总是会涌起感恩之心，我对储老师说过最多的话可能就是"谢谢"二字，但师恩如海，何以言谢，唯有日后懈怠之时警醒己身，望不负师恩。

师恩若海　倾我之至

2018级 计算机工程与科学学院 朱志宏

敬爱的雷老师,我想对您说:

朱志宏

进入大学已三年多,回忆起往昔只觉得时间转瞬即逝。"师者,所以传道授业解惑也",我有幸曾得许多老师尽心相授,诸位老师的师恩我就不在此一一细数,但是能遇到雷咏梅老师是我莫大的荣幸。雷老师教我以人道,授我以书华,感我以秉性,沐我以恩泽,或知识技能之精或为人处世之态,对我影响深重且悠远。往事历历在目,如今拙笔于此,谨以此文献给栽培我的学院,献给为我领路的老师。百年树人,润物无声。

为人,您温良恭俭、乐观豁达。清晰记得,初次相见是计算机科学进展研讨一课,基于师生关系先入为主抱以敬畏。当下便觉从未见过有如此老师,PPT制作精良,备课由浅入深,知识点信手拈来。课程内容之外多引当前学术进展,拓宽眼界。随课堂深入,对您印象逐步转变为认真负责、一丝不苟,内心更知您对学生之关心爱护。自此,当尚有教学计划所排课程遇之,义无反顾选之,幸运使然成您学生。于半载朝夕相处,昔之敬畏只因不甚了解,方觉可敬更可爱。尤记得您对待刚刚授课却一问三不知的学生耐心释疑、无怨无悔;记得课业之余无微不至的关怀,主动了解学生的学习状况,想方设法提供帮助;

记得您的谆谆教诲,会学习更要会生活,找到生活的意义,您总能为每件美好的或糟糕的事情找到它存在的价值,这种积极乐观的生活态度于我产生着潜移默化的影响。

为学,您严谨审慎,精益求精。有言道:"图难于其易,为大于其细。天下难事,必作于易;天下大事,必作于细。"您对于学术严格仔细、认真负责的态度与近乎苛刻的要求令我敬佩。记忆起刚开始写毕课程项目论文交给您后,我从长吁短叹转而如释重负,自觉了却心事一桩。谁知您仔细看过之后把我叫了过去,方才谙悉大事不妙!望满屏红色修订,叫一贯强迫症自诩的我脸面何存?生平第一次发觉自己如此粗心,权且针对论文一事,大至文章框架脉络,小至遣词造句、段落间距不一,您都一一标注指出,惭愧之余是震撼。我也深知您完全可以节省时间一句"写得不好"直接打回让我重做,之所以这样您是想告诉我不要害怕麻烦,不要遗漏每一个细节,做学术要脚踏实地。久而久之,这种一丝不苟的态度也潜移默化地变成了我的习惯,我坚信这会让以后的学习、工作乃至生活都受益匪浅。也许我不是您最出色的学生,但您将会成为我最崇拜的导师,对科研的一丝不苟、工作时的严谨态度、生活中的做事风格都将成为我一生学习的榜样。"论文是改出来的",这是您不厌其烦的重复话语,也是我前进路上难能可贵的指路明灯。譬如开题报告,您几乎从来不会为了完成事情交差而敷衍了事,在我大致写出梗概后您又详列一二,专门抽出时间与我商谈是否合宜;提交的内容一定是在有限的时间中能过自己一关,高标准严要求,一遍又一遍地不厌其烦。还记得那些日夜我为修改项目论文、赶进度等"加班",守在电脑前在键盘上噼噼啪啪敲动字符的声响。这期间,您专注勤勉的科研精神和独一无二的学术之路,都是我最好的礼物。我敬您,更庆幸自己能遇上您这样的老师。

为师,您亦师亦友,若风沐雨,以睿智形容亦不为过。您视角多元,因材施教,扬长避短,从而使每个学生都能在自由的平台上不断发现自我、超越自我。对待每个学生,非大而化之,统一教学,会根据每个人不同的基础、不同的兴趣点和特长进行有针对性的学术指导。授人以鱼不如授人以渔。遇见您之后,我感受到了从常规的灌输式教育向方法教育的转变,您教会我如何看文献、如何提炼观点、如何进行综述、如何搭建框架、如何分析总结等等,让我学会了自主学习。学习生涯中,起落浮沉在所难免,您结合自身的学习和工作经历及对计算机专业的了解,常与我谈心,在我取得成绩的时候鼓掌,在我迷茫的时候指明方向,在我焦虑的时候让我学会冷静,在我消极的时候引导排解负面情绪。印象最深的是在我推免的路上我性子很急,一度固步自封。您告诉我要沉稳平静,针砭自我充分准备,并在不断的面试过程中与我复盘,不断打磨简历,让我受益匪浅,最后斩获多校 offer,更是满满的成就感与感激。如今,社会上各行各业的竞争日趋激烈,要想在残酷的竞争中崭露头角,自己除了要有真才实学之外,更关键的是要具备别人所不具备的核心能力,掌握别人尚未掌握的技能。要全面发展,综合提升做人、做事、说话的能力,为此,您会给我机会去跟学校各个部门打交道;教导我牢记要时刻学习,要不怕吃苦,保持纯粹,勤奋努力,还有对于未来的考量……很显然,大学几载于我,是质的升华,感恩遇见。我在计算机学院成长,我也在雷老师以及一众老师、辅导员的指导、培养下不断超越,没有你们就没有我如今取得的点滴成就。

  师恩若海,倾我之至,师恩浩荡,教泽流芳。感恩老师勤于治学,虽然我时常阅读古文诗词,但仍然羞于文笔,自作拙文,想要记录下老师们探寻道理的样子,赞扬老师们求学的精神,我将以老师们为榜样,不断激励自己前进!我定将继续认真学习,不负师教,不忘师恩,怀"自强不息""先天下之忧而忧,后天下之乐而乐"的上大精神,砥砺前行。

千里之行
——我和我导师的故事

2018级 文化遗产与信息管理学院 张夏子钰

2019年6月,我终于结束了专业选择问题中的纠结,专业分流时将图书情报档案系档案学专业作为第一志愿,并成功进入。2019年9月,我们和院系老师进行本科生全程导师的双向选择,我幸运地进入第一志愿导师周林兴教授的师门。这是我和我导师故事的开始,我的上大生活也从此更加精彩。

张夏子钰

放下包袱,聊聊自己

和周老师的第一次谈话,我还带着胆怯。"来来来,你把书包放下,坐这里,没事的,我们可以随便聊聊。"其实,那时我心里有的不仅是面对不熟悉老师的胆怯,还有对自己的不自信——大一我在学习上表现不好,也经历着情绪上的低谷。周老师聊起了自己的学习和工作经历,和我讲述"如果人生能重来"这个话题。他说他年轻时也曾浑浑噩噩没有方向,面对机会束手束脚,但重要的是他始终积极,并愿意努力。如果人生能重来,他会过得比现在更好,但现在的他也感到充实而富足,尤其是如果能帮助学生找到自我或取得成绩,他便会获得巨大的喜悦。就这样,老师的形象不再是上课拿着课本、翻阅 PPT 的说教者,他们有失误、有后悔,正因此,他们希望通过教育,让学生成为最好的自己。

谈到我的毕业去向意愿时,我告诉周老师我想要在国内继续深造。周老师非常支持,他向我简单介绍了国内档案学专业实力强劲的其他几所高校,推荐了图书情报与档案管理领域的高水平期刊,勉励我珍惜时间,课内提高成绩,课外大量阅读。这为刚刚进入专业,虽有热情但对应该做些什么摸不着头脑的我点明了方向。

抓住机会,满载而归

进入专业后不久,我看到了学校第二届本科生学术论坛的通知,询问周老师的意见,他用一如往常的明快语气说道:"多好的机会啊,试试呗,也锻炼锻炼自己。"我行动起来,成了院系唯一一个投稿的大二学生,也是那届大二唯一以独立作者投稿的学生。这是我学术论文写作的尝试。周老师是我的引路人,他在论文选题、框架、研究方法、语言表达、引用规范等方面都给了我悉心的指导。独立撰写一篇规范完整的专业论文激发了我的学术热情,我体会到了思考问题的快乐。第三届本科生学术论坛,我再次在周老师的指导下投稿参加,最终获得二等奖。

了解到教育部档案学教学指导委员会主办的两年一届的全国高校档案学专业大学生创新性课外科技作品展后,我组建团队,准备参赛作品。项目进行中遇上了新冠肺炎疫情,返校推迟,团队成员分散在各地,只能进行线上交流,团队积极性难免受到影响。周老师始终挂念着我们,时常找我询问项目情况,总能对我们的问题和困难给予点拨,带给整个团队极大的信心。最终,项目顺利完成,代表学校参赛并入选优秀作品,这是上海大学首次在该创新大赛中获奖。我们团队成员和指导老师一起赴贵州参加展会,在全国档案领域专家、师生面前展示上海大学学生的风采。周老师积极乐观的态度、既然决定做就要把事情做好的决心都深深地感染了我。

除了学业,我经常和周老师分享参加社会实践活动和志愿者活动的近况与感受,起初,见我对实践活动与个人学业能否兼顾存有忧虑,周老师表示学生工作和社会实践有利于大学生全面发展,也是力所能及的奉献社会的方式,关键是要做好时间规划。这给了我参加各类活动的勇气，不断摸索学习和课外活动的平衡，在学生工作、社会实践、志愿服务中都取得了一定的成绩。

找到自己，志存高远

人无法两次踏入同一条河流，不同阶段的我们总有特定的烦恼。大三的后半程，我开始准备各高校保研夏令营，不擅长选择的我不得不明确具体的目标，规划下一阶段的学习。我内心非常希望继续师从周老师进行研究，但又想换个环境，丰富自己的经历。周老师很理解我，他也希望我走向更好的平台。我们好像延续了第一次的谈话："眼界要开阔，不要怕这怕那，什么事不难，努力去做呗。"周老师和我的父亲都是70后，在他们年轻时，做出的决定往往受到现实生活的束缚，没有条件追求"诗和远方"。如今，人们的生活条件已十分富足，我们有了更多选择的自由，就更需要建设好精神世界，找到自己的位置，在奋斗中实现自己的价值，"先天下之忧而忧，后天下之乐而乐"。

每一次联系周老师，他不是在外开会、调研，就是在办公室工作，这或许也是周老师学术成果丰硕的原因。我曾在选修周老师课程时就《中华人民共和国档案法》和档案行政法规的条目细节向周老师提问，他运用法律条目和实践部门经验进行解答，有理有据，令人信服。周老师已然把学术科研、教书育人作为人生追求。我承认，自己尚未想好自己的人生目标，但有优秀的老师做灯塔，我总会找到的。

我一直觉得自己学运不佳，没有世人所谓的"好运气"，但最幸运的就是遇到了一位位好老师，他们参与了我生命的一程，对我的影响却将伴我一生。我的生命被老师们串联起来，我如今的样子离不开他们的塑造。我的导师周林兴教授将教书和育人相统一、言传和身教相统一、潜心问道和关注社会相统一，对我的思想观念、性格态度、做事方式都产生了引领作用，承蒙他的教导，我的大学时光熠熠生辉。

譬如北辰

2020 级 管理学院 张滋纯

上海的冬天真冷啊,冷风中的寒意如针般刺刺地扎进皮肤中的每一个毛孔。傍晚半黑的天幕上,流照的月影给这份凉意镀上了层有形的银边,无处可逃。

课前的大阶梯教室里人头攒动,教室最后方是一整层落地窗玻璃墙,闹哄哄的环境并没有带来一丝暖意。

时针分针呈 180 度角的同时,晚课的铃声骤然划破屋内的闹哄。此刻天已经全然黑了下来,扭过头的话可以透过身后的玻璃墙,伴随着橙黄的路灯,看到漆黑天幕上那颗明亮的北极星。

张滋纯

万籁俱寂。

她踏上那三尺高的讲台,身上带着的寒风余尾顿时融化成暖意涌入心底。

因为你来了,北辰悬于天际。凛冽的寒风里,似有烟火噼啪作响,倏地炸出一个春天。

能将同学们认知中最枯燥乏味的课程之一——"马克思主义基本原理"上成一门热门无比、让人乐此不疲的"烫手课",必然是有真功夫在其中。

那些没有灵魂的空洞说教以及晦涩难懂的长篇大论,于当代大学生而言属实是不怎么感冒的。可是从她口中讲出来的哲学并非如此。结合她自己的生活实践与人生思考,哲学变得"接地气"又"不俗气"。比如,令我印象最深的是她在讲到辩证唯物论时,说过这么一段话,引起我的极大共鸣,令我至今难以忘记:

> 我希望大家以后能够多去别的地方,多看、多感受、多体会。不只是北上广深这样的大城市,像一些经济发展比较一般的地区,或者是小县城,每个地方、每种环境下的风土人情都会呈现不一样的状态,你会发现很多从前完全没有听说过的事情,很多东西也并不是你想象中的那个样子。毕竟很多事情和道理,只靠一些文艺作品或道听途说,是无法完全感受到的……

正是带着这样的信念,出身经济中等水平地区的小县城的我来到上海求学,进入大学后,热衷于到不同的城市去体验当地生活:我见识过县城里物质富足却精神文化贫瘠的"暴发户";听闻过农村里扯不出是非的家长里短、俗事八卦;在上海黄浦江边看过对岸的繁华灯火,也见过怀梦之人的拼搏奋斗;漫步过如画的杭州西湖,轻抚过南京总统府上泛黄的砖石;在广州破旧的里巷中仰头望过欲冲天际的高楼大厦,也在突降的暴雨中为浸满了水的鞋子而苦恼……

像这种能够引人共鸣、发人深省的讲述,在她的课上数不胜数。我与她众多想法相似之余,能感受到在此基础上,她有更深刻的见解。同时,她有我身上尚不那么突出的特质,诸如知世故而不世故、通透活泼、张弛有度、严谨干练、坚守原则之类。

正如她在第一节课上在讲期末成绩、平时分和考试成绩比例,课程论文上交时间以及格式要求等之前,反复强调"我只讲一遍,如果你之后记不住或者因为旷课没来而问我,再或者是上交的作业不符合要求,我会认为你连第一节课都没来,并扣掉大量的平时分。"

于是,本来在课堂上吊儿郎当、松松垮垮的那些同学,也都竖起耳朵闭紧嘴巴仔细听了起来。为了防止事后忘记,他们纷纷在手机备忘录或者课本扉页上记下了笔记。

这样的一个严谨专业又灵气十足的老师,让我几乎确定了一件事情。

"马克思主义基本原理"第十周最后一节课下课,我和我身边的好友说,如果能够长期跟着她,那么我觉得不管是专业能力还是性格特质上,都能有很大的提高。

当时查询到她的核心通识课还有几个空位,我喜出望外,为第三轮选课定好闹钟。随后也顺利抢到了一个名额。于是接下来的那个学期,每个周三的中午,会有一个人早早占好第一排距离讲桌最近的那个座位(虽然大学的大家都比较腼腆低调,第一排几乎没人坐),擦好黑板,调试好投影仪,课前接好一杯温水放到讲桌上。然后全程认真地听她所讲授的知识,视线紧紧追随着那个灵气的身影,以及她的板书和PPT。

不满足于一周只有一节的核心通识课,我甚至旁听起了她教的哲学系专业课来。哲学乃万物之源,我也想要从哲学中找到能够指导自身专业发展的答案。

毕竟进入大学后,大家都会或多或少感到迷茫。因为12年基础教育中父母给我们的目标清楚而明确——"考出高分""考个好大学"。而进入大学后,在纷繁错杂的信息中,形形色色的道路上,同学们常常不清楚自己的目标。会为人外有人天外有天而倍感压力,也会因现状配不上心气而烦恼不已。迷茫阴云,就此而始。

虽然高中时期有政治历史的相关知识基础,但身为非哲学系的学生,我或多或少会感到有些吃力。不知道自己有没有真正理解某些观点,使我困惑。不过很快我也在她的课堂上找到了答案。就在她讲到经学,尤其是自汉代开始的今文经和古文经之争开始,每朝每代都会有学术争端上升到政治立场的争论,而"党派之争"也自此而始。而这种争论,甚至延续到了中国近代的"立宪派"/"保皇派"(代表今文经,认为《春秋》是孔子所著,孔子不仅是道德标杆的"圣人",更是政治上的"素王",因此改革要保留孔子,借鉴西方制度也要保留皇帝)和"共和派"/"革命派"(代表古文经,认为孔子只是历史上的一个人物、一段故事,纵然道德高尚但不该上升到政治层面,因此没必要在政治上进行保留,革命也要"革"掉皇帝)的分歧与较量。有关经学的这节旁听课,拓宽了视野,更让我体会到真正理解哲学观点的感觉。

在我兴奋地和她分享自己的"豁然开朗"、称赞她讲课的高质之时,她一直在认真地和我说"谢谢你"。那节课上,哲学系的学长学姐们回答不出"经学"究竟是什么,这使得她严厉地批评了他们。她向我道谢后,还提起自己课上批评了那些学长学姐,担心他们会因此而心情不好。

我说,虽然我可能没资格替他们回答,但如果是我的话,一定不会不开心。

像这种在乎他人感受、温柔细腻,听到别人对自己的夸赞会认真地说"谢谢你"的人,合理地批评而已,怎么会心情不好呢?

旁听的专业课课前,我与哲学系的学长学姐们交流过。他们说,"她是哲学系少有的那么有激情的老师";马院资深的老教师也说,"她是一个很有灵气的老师"。这些都是我从别人口中听到的对于她的评价。

那么于我而言呢? 子曰:"君子譬如北辰。"身为老师,她就是我的北辰。世路难尽,晓不成梦。静静的,弄动栌栋的寰巡,用晨昏所布施的良阐善截,穿透阴霾,指明前路。韵韵笃行,星河终欲曙。

我不再迷茫,因为我已经看到了自己想要成为的样子——知识渊博,对人对事有坚定的看法与见解,知世故而不世故,通透有灵气,和以待人,努力而又强大。

漫天的星光,有一颗是我的愿望。

泮溪相遇是至幸　人间有味亦清欢

2020 级　社会学院　侍雨露

"列嶂有心争俊秀，古松无语兀龙钟。置身霄汉星辰近，俯首尘寰烟雾封。"登临之际，放眼辽阔天地，恽代英挥毫写道。

"寂寞此人间，且喜身无主。眼底云烟过尽时，正我逍遥处。"月华如练的夜晚，庭下似积水空明，瞿秋白于狱中吟咏。

有幸入上大，也有幸与百年前的革命先烈相遇。校史丰碑上镌刻着他们的不朽，时代风云中翻涌着他们的故事，他们是为天地立心、为生民立命的斗士，也是鼓舞每一个上大学子前行的楷模。启事在教诲，成事在榜样，虽不与我们同处一个时代，他们却以勇气与担当、豪迈与血性，温暖、激励、引导着每一个上大学子前行。

侍雨露

所谓"诗以言志，歌以咏怀，书法以寄情"，每每诵读起那个战火纷飞年代里遗留下的片羽，都会感慨起独属于上大人的胸怀与豪情。

上海大学马克思主义理论最主要的传播者瞿秋白，注重结合实际进行马克思主义理论教育，创新教学形式方法，使上海大学成为国共合作创办的新式学校。瞿秋白结合社会学系课堂教学的实际需要，把马克思主义理论作为一门专业课来讲解，以唯物史观为指导，为学生们讲授社会进化史、家庭、私有制和国家的起源,讲中国劳工问题、农民问题和阶级民族问题。他讲课深入浅出,深受学生欢迎,授业解惑、笔耕不辍,三尺讲台染尽青春之芳华。

上海大学办学正规化的奠基人邓中夏,制定《上海大学章程》,将条理与思辨融入教学系统,为今日的双一流高校的建立打下了坚实的基础。在邓中夏的推动下,"养成建国人才,促进文化事业"的办学宗旨形成,符合当时时代和社会发展进步的要求。他也致力于开展平民教育,为许多平民学校提供支持与帮助,还亲自为其编写教材,努力为普及国民教育、提高工人觉悟做出贡献。

凛然气节,烛照千古。战争年代的他们,不仅以气质品格影响人,更以言行举止感染人,穿透百年历史的苍穹,筑成一座不朽的丰碑。瞿秋白在福建被国民党反动派逮捕,面对利诱劝降不为所动,甚至高唱《国际歌》走向刑场,面对枪口盘腿而坐;邓中夏在上海法租界被反动当局逮捕,于狱中被敌人严刑拷打却誓死不屈,在黎明的雨花台下英勇就义,为他毕生向往与追求的共产主义事业理想流尽最后一滴鲜血。心系全局,细利可捐,牺牲小我之利益,成就大我之伟业,贤者人格之高度由此彰显。他们影响了许多有志青年走上革命道路,激励着少年人们用生命拥抱理想,用热血写就不屈。

听之读之,然心更向往之。历史巨浪呼啸而下,冲刷粗粝,席卷微尘,以不可抵挡之势开启新的纪元。传承之光常在,精神之火不息。上海大学作为我们共同的精神家园,上大人在这里将自己的梦想与经历一代又一代地传递;又把手中的火炬交付给后来的赶路人,树立一座又一座时代楷模的丰碑,让我们即使跋涉于暗夜也有光可循。

漫步上大校园,这里的每一位学子几乎都能说上几段有关钱伟长老校长的生平,比如"弃文从理,为国而学""最年长的终身校长""拆除四堵墙"……他博学多才,儿时熟读古诗经书;他因九一八事变弃文从理,决心造飞机大炮以振兴国家;他忠于祖国,在事业如日中天时毅然回国;他担任上海大学校长,独树一帜的教育思想和治学方略开创了学校思想解放和学术繁荣的新局面。他的故事被一代又一代的师生们口口相传、经久不息,其人其品若粲然星子,悬于夜空驱散无尽黑暗;亦作彼岸灯火,燃于远方指引未明前路。

令德不朽,景行流芳。从义理到物理,从固体到流体,顺逆交替,委屈不曲。钱老一生的言行与信条时至今日仍如春风化雨,教育启迪着我们。他曾言:"我们首先要培养的是一个全面的人,是一个爱国者,一个辩证主义唯物者,一个文化修养、道德品质高尚、心灵美好的人;其次,才是一个拥有学科、专业知识的人,一个未来的工程师、专门家。"钱老将成为爱国者置于首位,在上大这所红色学府中,意义显得尤为深刻。红色基因是校史的沉淀,是一所学校真正厚重之所在。这基因中有信仰,使我们"不畏浮云遮望眼";有定力,激励我们"咬定青山不放松";有成功之路,在"山重水复疑无路"中看见"柳暗花明又一村"。它与我们每一个上大学子情感相连、命运相系,是我们精神的归宿、初心的原点。

在当下的和平年代,我们或许不能够以身报国,在战场上一显壮志勃勃,却可以涵养品性、修习文化,做"文化修养、道德品质高尚、心灵美好的人",做"有学科、专业知识的人",展我大国深厚底蕴的风采无限。受益于上大的通识教育,我们得以于不同的课堂重回无数个飞扬奔放、气韵生动的年代,修身养性、涵养知识,也于大千世界中找寻万物规律,用点滴行动探索宇宙穹宇。

类玉似冰般釉色的青瓷,竹林溪水的布景,人物俑沉静甜美的微笑,宽衫大袖的休闲服饰,画中飞舞挺劲的游丝线条,富有空间层次的山水草木画……这是"书法创作与审美"课堂上的魏晋,热情而向往自由,洒脱又不拘礼法。在这样的历史舞台上,登场的人物非凡卓越:文人名士或雄才大略,或才华横溢,或放达不羁,怀有玄心与佛性,饱含妙赏与深情。

在权谋与自然,杀戮与佛性,离散与相聚里,"人之情"——人的情感,人的欲望,它们在生长它们在闯,它们超乎于世俗生活之上,更接近那个理想的精神世界。应是天仙狂醉,惊鸿一方失色。虽然人是物也非,但那种快意恣肆、叱咤风云的豪迈与洒脱,那种飘然而至又飘然远去的至性真情,依然活跃在每个人心中,鼓舞着现在的我们奋发向上,拼搏进取。

既有随性无束,亦有精致淡泊。"苏轼与中国文人画"的课堂里便道来宋事许许:有柳七之"三秋桂子,十里荷花",目及钱塘繁华;有归隐所谓"疏影横斜水清浅,暗香浮动月黄昏",心向悄怆幽邃之地;有人比黄花瘦的弱女子,也有断壁残垣上哀鸣的钗头凤;有流连于花舫间的清流一股,也有穷途末路的词人皇帝。

宋人的生活日常是"烧香、点茶、挂画、插花"的"四般闲事","宋四家"则以我心写我手,我手写我字,形成自己的独特个性和人格风貌;宋徽宗风姿独特的"瘦金体",疏朗端正、遒丽劲瘦。宋朝士大夫立朝仗义,可执国柄、却强敌,

"开口揽时事,论议争煌煌"。他们先天下之忧而忧,后天下之乐而乐,一如今日上大校训,心系苍生,将"自强不息"铭记于胸。

三尺讲台存日月,一支粉笔写春秋;立德树人育桃李,耿耿丹心润无声。不同于先辈们的遥远不可触摸,师长于我们的谆谆教诲,都在每个人的记忆深处卷起微小却持久的漩涡。他们携温润之思,予人和风细雨的甘美;他们怀通透之感,予人山间明月的皎洁;他们也厚从容之积,予人高山北斗的才学。他们的名字或许平常,未必会被历史铭记,但他们的品行与才识却足以感化莘莘学子,烛照一代又一代治学青年的人生之路。

从前,钱老意在培养"全面发展的人",重视提升学生的文化素养;今日,我们学知识、做实验、走调研,也同样写诗、作画、习书法。我们传承红色基因,可以如英雄豪杰般舍身忘死,迎硝烟走入无边长夜;我们接续千年文化,亦可以像文人雅士般鲜衣怒马,执狼毫写尽世间风流。上大精神是有血性的,更是浪漫的。

这般精神,历经坎坷磨难,世世代代,淬炼成一股浩浩汤汤的洪流,内化为每一个上大人的基因,成为骨血中不可分割的一部分。它在岁月长河中未曾磨灭,我们学它,念它;我们把它刻进心间,和我们的一腔热血放在同处,让它永远滚烫。

一时有一时的生息,一岁有一岁的风采。李白曾写道:"今人不见古时月,今月曾经照古人。"而今,和师长共同抬头看月,看着曾经照耀一辈辈先行者的明月,如今又在照耀着我们,一定也会和诗人同样感慨:"古人今人若流水,共看明月皆如此。"

透过墨香袅袅,穿越历史的回廊,跟随代代上大榜样的引领,修己成人,找寻真性真情;这也是老师引路,在区区三尺的讲台上,用书不完的斐然文采,教给我们更深层的意义。

斯人若光　文德四放

2020级　新闻传播学院　郁琪琳

斯人若光，甘于奔忙。光之所向，引生远航。向之悠漾，文德四放。

他是我们学院里人尽皆知的实验中心负责人，是实践教学经验极为丰富的任课老师，是能和同学们打成一片的大朋友。他是我的全程导师，认识不到半年的时间，我却觉得他已经影响了我一辈子……

胡斯文老师本硕均毕业于上海大学影视学院。毕业后就留在上海大学电影学院任教，随后又调入新闻传播学院。虽然他年龄只有40出头，却已在上海大学度过二十几载，算得上是资历深厚的老上大人了。

郁琪琳

在我刚进入专业学院，没有正式开始课程学习的时候，便已闻其名。"斯文的课讲得特别好。""斯文会带你们出去拍片子。""如果导师能选到斯文的话那就太好了。"学长学姐对这位老师的赞不绝口，和学院公众号上展示的比赛获奖指导老师栏中他的一连串名字，让我对这位老师肃然起敬。

初次见面，是在秋季学期周一晚的"摄像基础"课上。胡老师个子高大，面相年轻，模样斯文。几乎没有自我介绍，他流畅地点完名后，便认真地讲起了专业知识，这让初见他的我觉得这位老师似乎有些"高冷"。他常用一些影片来作案例,让趣味与效率在课堂上并存。

不像在其他课堂上时有发生的,他从未叫错过班上任何同学的名字。后来,我才知道,他在拿到每一届学生名单的时候都会先拿出字典查找翻阅学生名字中的多音字、生僻字等,生怕会念错造成同学的尴尬。不仅如此,胡老师在课上能快速定位到影片特定片段,是因为他早已在备课的时候将这些影片看了十几遍,将情节、台词、镜头等背得滚瓜烂熟。身为青年教师,他能如此用心地对待每一堂课,并且在细节之处做到最大程度地尊重每一位学生,令我由衷敬佩。从他身上,我看到了待人处事之讲究:对待自己分内的事尽心尽力,用最充分的准备应对未知的局面。于是乎,在每堂课结束后,我也会不由自主地将课上播放的影片再完完整整地仔细看一遍,将所学知识巩固,打实专业基础。

10月,到了填报全程导师志愿的时候,出人意料的是,全班超过一半的人选择了胡老师,而按规定他只能收两个学生。不过更令我意外的事发生在后头。在次周的课堂上,胡老师先是感谢了大家对他的信任,随后表示"大家以后要是有什么专业上的困难,随时可以来找我"。这句初听像是客气话的表达,却是他多年以来一直坚持的执教信念,在他的实际行动中一次一次被印证和超越……12月,我与同学参加"中国大学生广告艺术节学院奖"的视频广告比赛,请胡老师担任了指导老师。在构思阶段,我们就和胡老师见面谈了三次,每次都要交流至少一个小时,甚至有一次讨论到了晚上11点多……到了正式拍摄阶段,在前往外景的路上,忽然收到了胡老师发来的消息:"你们待会在哪里拍?我过来看看。"我一时有些惊愕,我从未想过指导老师会对我们的比赛如此上心,且能做到这样深度的指导。我顿时想起了,学长学姐口中的"斯文会带你们出去拍片子",我原以为,那是指胡老师会在夏季采风实践课上指导我们拍摄,可事实是他竟然愿意牺牲自己休息的时间,尽可能辅导每一次学生的实践……在后期制作阶段,胡老师还来主动询问我们剪辑进度。当线下时间难以协调时,他还在线上为我们一个镜头一个镜头地进行分析讲解……最近,胡老师又花了整整一天的时间陪我们小组一起完成故人寻访的社会实践。陆陆续续地,我从其他同学口中知道,胡老师对前去找他的学生是来者不拒,并且对待自己指导的每一组学生都是这样尽心负责,就算不是他自己的学生,甚至是其他专业慕名来找他的学生。他曾告诉我:"如果学生只问了我几个问题,就把我写在指导老师的位置上,我是不会同意的。"此刻,我突然意识到,当初看到的学院公众号上展示的比赛获奖指导老师栏上他的一连串名字,背后意味着他多少的辛勤付出。是他这种超越一般指导义务的付出,让学院的学生收获了大量课堂之外的专业能力和实践经验,从而能够提升专业审美和能力,为将来可以独立地拍出被社会接受和认可的作品做准备,成为专业基本功扎实、适应能力强的上海大学新闻传播学院毕业生。

可是,在学生们茁壮成长的背后,我却常能看到胡老师的许多艰辛。我院的上海智能媒体实验中心刚刚投入使用,胡老师作为负责人,除了教学任务外,每天还有很多行政事务缠身。我不止一次看到深夜 12 点他的办公室还亮着灯,看到下午 3 点还没吃午饭的他在啃饼干,看到他口袋里随身揣有药盒。他也曾开玩笑说:"我这两年,长了好多皱纹和白头发呀。"胡老师为教育奉献了自己的力量与青春,他像烛火一样,燃烧自我,照亮莘莘学子的求学之路。在他身上,我看到一种无私的大爱,他甘于不遗余力地将自己所能倾尽到教育事业中,不计得失,一往无前。

常可以看到他早上 8 点就来到校园,晚上 10 点仍未离开的身影,学生们几乎随时都能在办公室找到他,向他请教各类问题。就算是在节假日,也能在校园里偶遇来指导学生创作的他,而胡老师车子的后备厢里也总是放着能够帮助学生进行拍摄的器材。他是学生眼中极为亲切质朴的老师,常常与我们打成一片,他会在朋友圈里给我们留言,会温柔地和我们开几句玩笑,会与我们一起聚餐。在年末的师生聚会上,他有感而发:"要是明年有学生有好的想法,我一定要帮他一起好好弄出一部作品来,哪怕花上一两年也可以,争取拿个全国纪录片金奖!"听完,我的内心久久不能平静。胡老师将满腔热情倾注于我们,我们又怎可负德辜恩……

胡老师在专业上的理论和实践教学能力毋庸置疑,他的人格魅力和对我的影响也十分深远。在几次的导师约谈上,令我意想不到的是,他并没有向我们讲一些直接的专业知识学习方法,而是告诉我们大学期间要多欣赏文学作品,多观影、多读书,特别是要多读文史哲一类的书,看看经典作品。他表示,尽管他自己有时候因为一些原因忙碌到晚上 12 点多,但他还是会坚持在睡前进行阅读,以不断地更新充实自己,他说:"到后面,读书就从坚持成了一种习惯,一天不读就会心里痒痒。"他强调,阅读和观影会大大改变我们的人生,此外,倘若我们以后要从事影片编导工作,就更需要异于常人的知识储备和思维习惯。在这方面,胡老师还给我们精心准备了书单和片单供我们参考,并定期在导师约谈会上与我们交流读书和观影的情况。在他的鼓动下,2021年,我不可思议地完成了30本书的阅读和上百部影片的观赏。这位看起来活跃于学院实践教学的我的专业导师,渐渐成了我的人生导师,像一束光似的带领我探索人生的无限可能……

  斯人若光,文德四放。在上海大学遇到这样一位人生的领路人,何其有幸。他总是将学生的事放在首要位置,不惜牺牲自我,可谓"先天下之忧而忧,后天下之乐而乐"。他坚持突破自我,超额完成工作,将事业视为所爱,真正做到"自强不息"。我亦希望学习榜样人物,在上海大学这样一片美丽、求实、创新、开放、包容的校园里磨砺自我,奔向更美好的前程!

以梦为马　携手相行

2020 级　经济学院　李佳豪

百年上大，红色传承。在历史的滚滚车轮之中，"北有五四时期的北大，南有五卅时期的上大"，是这一所赓续红色基因的巍巍学府吸引着我的目光，成就了我不悔的选择。上海大学，是梦想开始的地方，具有上大品格的老师们犹如惊涛骇浪之中的灯塔，指引我前进的方向；又如同春风拂面，浸润我的心灵。

春风化雨燃初心

李佳豪

人生最美丽的情感，往往都在不经意间萌生，我在上海大学的引路人是尹应凯老师。犹记得初识尹老师还是我在高考期间在上海大学经济学院的一篇推文中看见了尹老师正在上"历史中的金融"课程时的照片，只见讲台上站着一位热情洋溢、精神饱满的青年人，看得出他对于教学事业充满着深深的热爱，这给我留下了十分深刻的印象。而且，这门课程与众不同的是，老师运用中国自主创新理论解读历史经济发展的故事，进一步培养学生们的历史担当以及对科学的探索精神。金融作为国家经济发展的命脉，关乎民生发展，时代在呼唤着更多高素质、高水平的金融人才。如何以专业所学造福更多的人，如何涵养一颗经世济民的赤诚之心将是我为之奋斗的方向。

终于,我如愿以偿地迈进上海大学,初来乍到的我面对周围的一切都很陌生、很懵懂,对于自己未来的方向更是一无所知。但校园正门大草坪上那一块刻印着"自强不息"的巨石让我心头一震,瞬间感觉身体充满了力量。是啊,在这所充满自由气息的大学里,我们定要奋勇拼搏,开启自己人生的崭新征程。在我看来,上海大学的全程导师制十分贴心与实用,这为我们这些懵懂的新生们提供了一个构筑理想、憧憬未来的机会,使我们在属于自己的人生之路上寻觅前方的风景。全程导师制能够更好地引导我们树立正确的世界观、人生观和价值观,成为更好的上大人。

我深感幸运,遇见了我的大学全程导师——尹应凯老师。尹老师的脸上总是挂着一副温柔的笑容,眼神闪烁着柔光,丝毫没有冷漠的面孔与严厉的目光,每一堂课、每一次相会依旧如此。这种强大的亲和力与感染力一直激励着我和我身边的同伴们。尹老师常常是课前早早地到达教室,准备好上课资料;每次上课时,都身着笔挺而精神的西装;在课下则会耐心解答同学的疑问,与在座的同学们交流,获得课堂的反馈。在博士生组会上,尹老师则不断鼓励博士生学长学姐,给予他们充分表达自己思想观点的时间;每逢特殊的节日时,尹老师也会细心地为大家准备蛋糕,分享着平凡岁月的快乐。或许有时,尹老师会因同学敷衍潦草的论文而不禁着急地批评几句,但在大家的心中,尹老师依旧是一位和蔼可亲的良师益友。

百尺竿头上层楼

在上大这样一所充斥着浓郁学习氛围的高校,我感到由衷的快乐与满足。下课时分同学们围在讲师身旁讨论数学题目;在下课后的教室、安静有序的图书馆,甚至是人声鼎沸的食堂里,都能看得到同学们奋笔疾书的身影,甚至有的同学过于疲惫而不知不觉地趴在桌上小憩,桌上还散布着各种文具和课本,这不禁让我想起了高三时拼搏学习迎战高考的激情岁月,或许这就是青春应该有的样子吧。

浓郁的学术氛围当然离不开老师们的坚守。尹老师在学业上对我们起到了非同寻常的引领作用,其中最重要的一点便是尹老师所强调的"求实创新"。

正是这四个字带领我们参加大学生"互联网+"创新创业比赛、挑战杯、自强杯等大型赛事。我一直记得尹老师在"新结构经济学理论与实践"课程中所提倡的：以要素禀赋为中心，以结构的内生性、扭曲的内生性和经济运行的内生性作为基本点，做到实事求是，与时俱进。这种极具创新性的思想理念一直不断启发激励着我们。在项目比赛过程中，我也结识了学业成绩好、专业素质高、创新能力强的学长学姐们，他们面对项目聚精会神、废寝忘食的态度以及强烈的责任心感染了我。甚至在深更半夜，当室友们都已进入梦乡时，微信群里的"滴滴滴"提示音仍不绝于耳。尽管我们都已精疲力竭，但大家依旧坚守"岗位"，直至完成属于自己的那部分任务，再看看时间，此时已是凌晨一点半了。这时的宿舍万籁俱寂，所能听见的只有手指在键盘上打字的声音。虽然时间一分一秒地过去，尹老师仍陪伴着我们，在网络的那一端给予我们鼓励与指导。这是我第一次感受到师生共同面对挑战而展现的自强不息的精神，这也正是我们参加这些比赛的意义所在。即使只有三到四个小时的睡眠，大家第二天依旧起得很早，脸上充满疲惫却毫无怨言。大家共同复盘项目计划书、制作实证模型、撰写答辩稿、修改答辩PPT，不断奋进、乘风破浪，为的是不辜负曾经的自己、不辜负这些可亲的老师们。功夫不负有心人，我们的团队从校赛脱颖而出，获得特等奖；又成功晋级市赛，获得上海市金奖，刷新了上海大学在本项顶级赛事的最佳成绩；最后晋级国赛，并获得国赛的铜奖。当然，这期间不乏坎坷，不乏泪水，但是"自强不息""先天下之忧而忧，后天下之乐而乐"的校训精神、"求实创新"的校风理念以及尹老师在背后的付出与支持一直鞭策着我们向高处攀登，争做晨曦赶路人，为我们的大学生活留下了一段美好而难忘的回忆。

润物无声献真情

作为一名上大学子，只关注自身的学业是远远不够的。习近平总书记曾寄语道：青年一代有理想、有本领、有担当，国家就有前途，民族就有希望。我们要践行"先天下之忧而忧，后天下之乐而乐"的校训精神，秉承经世济民的理想和新上大人的担当。

尹老师时常要求我们课程再多再难，也要保证每天一小时的运动量，他积极践行着钱伟长老校长所提倡的运动观——通过运动培养人的体力,强健体魄,激发拼搏争先的斗志,塑造德智体美劳全面发展的大学生。尹老师也经常教导我们:做最好的自己。他敦促我们积极地参与各种社会实践、志愿者活动。在老师的号召下,我积极参加了"寒假回母校"实践活动,将自己在上大学习的点点滴滴、上大百年红色基因的故事与高中的学弟学妹们分享;在各类志愿者活动中也能看见我的身影,我很荣幸获得了校级十佳优秀志愿者称号。从上海自然博物馆志愿活动到中共一大会址纪念馆志愿活动,从垃圾分类志愿者到核酸检测志愿者,我一直践行着"互相帮助、助人自助、无私奉献、不求回报"的志愿者精神。我的心中是满腔热血、活力昂扬,希望以自己的力量帮助更多的人,这也是一名上大学子所应葆有的精神风貌。令我印象最深刻的一次志愿者经历是在中共一大会址纪念馆志愿服务期间,一位佩戴着共和国勋章的老奶奶微笑着询问我来自哪所大学,我的心中顿时感到十分自豪与骄傲,大声地说出自己来自百年红色学府——上海大学。老奶奶听闻后也夸赞不已,并教导我们要坚定不移地跟着共产党走、全心全意为人民服务。"先天下之忧而忧、后天下之乐而乐"并不只是一句简单的口号,而是实实在在的大爱无悔之心,它时刻敦促着我们:这些年轻的后浪们,要勇敢地诠释青年担当,践行青春使命。

在上大这片充满希望的热土,我看到了一批又一批积极努力、坚毅刻苦、全身心投入祖国建设的老师和同学们,他们在新时代的道路上不断攀登、超越自我。这是我的幸运,在我身边有着充满智慧且葆有上大之精神的良师益友,如同那漫天耀眼的星辰,照耀我的前行之路!

润物无声　育人无痕

2020级　上海美术学院　雷思颖

说在前面

上海大学上海美术学院的一层展厅里常常会安排各种各样的展览，2021年4月至5月举办的一次展览中有一件名为《易·山》的作品给我留下了非常深刻的印象。查阅资料得知，该作品也曾于第十三届全国美术作品展壁画展区展出，且人民网还专门报道过该作品。

此番的"偶遇"，我一度以为该展品是某位知名艺术家的作品，但右下角的展签却让我大吃一惊：该作品是由上海美术学院副教授初骑老师和上海大学机电工程与自动化学院的李磊老师联合完成的，这也是两位老师初次尝试的艺术与科技跨学科合作的作品！美术和机电工程与自动化？艺术与科技？听起来风马牛不相及。而作为美术学院史论系的一员，我之前从未对此有过了解。这一作品带来的视觉冲击和心灵感受不由得让我的美术史论研究有了新的内容，一个针对"艺术与科技"的调研课题拉开了帷幕。

上海大学总能给我带来意想不到的收获，无论是天天可以遇见的授课老师，抑或像刚才提及的两位素未谋面的教师，都具备极高的专业素养，课堂上

雷思颖

的谆谆教导之外,还通过课堂以外的"展品"带给我们探索的指引,育人于无痕。

《易·山》的阐释

两位老师艺术与科技跨界创作的作品《易·山》通过光影的变幻以及230片半透明亚克力材料的前后摇摆移动,对自然山川进行了几何概括。它也巧妙利用片状的三角形进行平面化元素汲取,通过并置排列又重组为立体的山水雕塑造型。这一作品既可以体现瞬时的变化,又可以于其中看见永恒的凝驻,进而创造出几何与极少主义的纯粹美感。

第十三届全国美术作品展对该作品的解读是:《易·山》运用机械装置,可以将壁画由墙面转向平面,由浮雕形式变为空间装置——一张可动山水情景式桌案,观众可在此阅读、喝茶、议事,或静坐冥想。同时,借助机械装置还可使山水随感应器或音乐的节奏舞动,作品可变换颜色,其内置装置可形成烟云,萦绕于山水之间,呈现或静逸、或神秘、或温馨的不同画面意境。

这次校内展出时,我们所观看到的是以水平桌面样式展出的该作品。依然可以从中感受到山川起舞,色彩变幻,并且在起伏与明灭之中,高山流水的妙音唱和着山、川、水、光、色、影,创造出了丰富的山水欣赏体验。

《易·山》的特别之处在于它虽用犹如远古人类稚嫩朴实的极简造型,却塑造了丰富的、极具象征意义的精神空间,使作品在动中见静的艺术效果中产生一种庄重的、令人震撼的仪式感,它的造型、音乐、色彩和光线触及了观众的感官,引起观众的情感共鸣。科技与艺术在这里有了完美的结合:该作品结合了艺术的光影特色和科学技术驱使的前后摆动以及亚克力三角插片的几何美感,是两位老师在跨学科合作领域的新尝试。

图1　第十三届全国美术作品展中《易·山》的展出现场

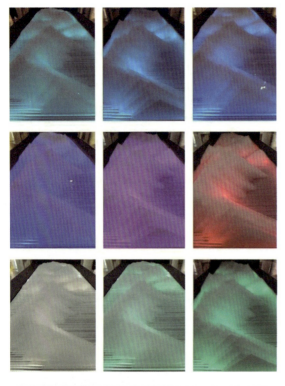

图 2 《易·山》的光影颜色变幻效果

图 3 《易·山》在上海大学校内展出的现场

探讨和延伸

怀着强烈的好奇心，趁着课题探讨的需要，我又联系到了初旖老师，并和老师在线上进行较为深入交流。同时，也制作并回收了对艺术与科技融合的认识和看法的小调查。颇有收获，对艺术与科技的跨界创作有了更全面的了解。

现附上与初旖老师聊天的部分记录：

Q：站在老师的角度，可以阐释一下您的《易·山》这件作品吗？

A：《易·山》的最大特色就是运用了机械装置，把壁画从传统的墙面转向平面，由浮雕形式变为空间装置——一张可动山水情景式桌案，观众可在此阅读、喝茶、议事，或静坐冥想。同时，借助机械装置还可使山水随感应器或音乐的节奏舞动，作品可变换颜色，其内置装置可形成烟云，萦绕于山水之间，呈现或静逸、或神秘、或温馨的不同画面意境，这些变化都非常有意思。

《易·山》的另外一个特别之处在于它虽然只运用了极简的造型，却塑造了丰富的、极具象征意义的精神空间，在起伏与明灭之中，高山流水的妙音唱和着山、川、水、光、色、影，创造出丰富的山水欣赏体验，使作品在动中见静的艺术效果中产生一种庄重的、令人震撼的仪式感，它的造型、音乐、色彩和光线触及了观众的感官，引起观众的情感共鸣。

Q：《易·山》作为您在艺术与科技的跨学科合作的初尝试，这次合作带来了怎么样的体验与收获？

A：《易·山》是悬于现代空间的壁画，取自中国立轴之山水画图式，但又极具现代感。整个作品一共使用 230 片半透明的亚克力材料并对自然山川进行了几何概括，我把它们都用三角形来表现，通过并置排列重组成最后看到的立体的山水雕塑造型。其实我们可以看到，这个作品打破了人们对于壁画的通常想象和固有印象，它作为墙上的壁画可以通过遥控降落切换为平铺桌案，山水随音乐起舞，山色变幻玄妙，看到这一幕是很奇妙的感觉。

Q： 您觉得创作过程中最有趣的是什么？

A： 将艺术与科技体现在一种装置作品上，是我一直想做的一个尝试。做的时候其实只是单纯想借由现在的新兴科技力量将山水美感体现在大众眼前，达到传扬美育的目的。现在得知被大家用以做研究，我想这也是非常有意义的。在全国美展上它是壁画艺术，来到美院的展览是做成了水平放置的装置艺术。这也是我一个很成功的尝试。这样两种形式的尝试也是可以在带给人们惊异的同时，展现创造艺术和表现艺术的活力。

Q： 接下来是否还准备继续进行跨学科合作的创作？有想过和哪门学科交融，做哪方面的创作？

A：《易·山》前后花费了数年才在 2019 年创作完成，我和李磊老师合作通过丰富的现代手段表现传统山水的精神意境，为都市景观设计的山水精神表达以及移动或变化的动态展示探索更多的可能性。接下来会继续在这个方向进行更多的尝试与创新，有尝试与其他学科合作的想法，但是具体的操作和构思还没有完善，我想依然会是在山水画领域。

初老师谈起艺术创作起来特别健谈，更是从多方面对艺术和科技的融合进行了阐释，并鼓励我在学习中勤思考、多探讨，有兴趣的话还可以自己尝试一下艺术和科技碰撞带来的乐趣。

关于艺术与科技的融合，古往今来便一直有所尝试。艺术与科技、艺术与科学、科技艺术等在当代艺术语境是一直被广泛讨论的，它并不是一个新话题，也不应该是一个时髦的话题，因为从艺术史的开端开始，科技就一直推动着艺术的发展。追溯到人类早期，我们的祖先在岩洞壁画使用的矿物质颜料，铸造青铜器使用的冶炼技术，印象派绘画使用的锡管颜料都曾经是那个时代的"黑科技"，科技的进步不断推动着艺术语言的发展。

并且，在艺术史中关于科技如何影响艺术的描述是非常多的，比如有了摄影技术就有了摄影艺术，有了电影技术就有了影像艺术，等等。但是有趣的是，我们却很少在科技史中看到艺术对科技的影响。可能在局部的一些科学家、科技人员的实践中，会谈到受到艺术的影响，但我们在科技史这样一个更宏大的语境里，很少看到艺术是如何持续和科技发生关系的。

联想到文艺复兴时期，文艺复兴巨匠达·芬奇是一个人尽皆知的名字，他就是一个典型的艺术与科技的跨学科人才，也即现代人所称的"斜杠青年"。他不仅仅留下了像《蒙娜丽莎》《最后的晚餐》这样的艺术作品，更重要的贡献是他的科技发明——他设计了飞行器以及大量从民用到军用的科技发明。由此不难发现，在文艺复兴时期是没有人谈论这个话题的，因为谈论这个话题是毫无意义的，那个时期的人们就是跨学科的，没有所谓的学科分野之说。所以说，今天的艺术学科、设计学科是完全按照工业革命以后的产业结构进行分类的，例如印刷产业推动了平面设计、书籍设计；工业制造业推动了工业设计；家居产业推动了家居设计；服装设计、首饰设计、动画、电影等等学科都能够对应到我们所看到的传统工业上。某种意义上，今天我们的艺术与设计学科等是构建在工业革命以后的产业结构之上的。

第十三届美展评委会名誉主任冯远先生表示，很多艺术家采用不同材料制作壁画，统称壁画艺术，如今壁画艺术已经延伸到部分装置艺术，让人感觉很惊异。对于一个多年从事艺术创作的人来说，这种新鲜感很少见，让人感受到了年轻人创造艺术和表现艺术的活力。

艺术与科技的融合是具有推广意义的，但在融合过程中不应过分依赖于两者中的某一方面，造成另一方面过于黯淡失色，而应注重两者的相辅相成，完美融合。上海欢乐谷、上海迪士尼等大型游乐场所的"天幕水极"表演、烟花秀等，都是在艺术的美感上融合高科技技术而展示给大众的，不仅这些，城市里的超高层建筑，不经意发现的某处街边新型雕塑，都可能融合了科技与艺术，不敢说这样的融合已经随处可见，但是这样的融合已经不再只是一个陌生的概念。现代艺术的表现形式需要现代科技的助力，而科技的发展也能从艺术创作中开拓新的思路、寻找新的灵感，两者是相辅相成、彼此促进的。科技与艺术可以在一定的条件下完美融合，不断地促进彼此的发展和表现。

其实不仅仅是艺术与科技有这样的融合，跨学科的合作也在更多的领域受到了重视，甚至于在不经意间来到了你我身边，影响进而可能改变着我们的生活方式，一如现代生活中随处可见的智能手机，小小的屏幕几乎融合了生活的方方面面。

润物细无声　育人了无痕

　　斯大林曾经说过,"教师是人类灵魂的工程师",抑或如《论语》中所记,"仰之弥高,钻之弥坚"。在上大这片热土上,每位辛勤的老师都是志士,志在让每个学子得到充分的教育,志在为国家培养可用之才,志在为教育奉献自己的青春和力量。

　　一件作品,一次偶遇,一个尝试,一场交谈,我本只是偶然瞥见多彩的装置,又出于好奇发现此奇作竟为学院内老师所作,更是一个巧合,我得知任课老师与其为友,便从而得以加上好友进行交谈,一切本不该发生的事,只因为一个偶然串联到了一起。初旖老师于我,就如同茫茫教师中其他与我素未谋面的老师一般,但我与作品产生的心灵共鸣让我有了与之简单接触的机会,这不正是一种"精神传递"吗?

　　"润物细无声。"杜甫在初春的小雨后如此感叹。而上大的教学,也不再拘泥于课堂,而是来源于多方面,总是不经意地、随时随地进行着。课堂上的教学也迥异于以往"填鸭"式的单向输出,有了很多不同的方式,老师的讲解、个人的思考、小组的探讨、专题的研究等等都给知识的传递增添了无穷的可能和魅力。总是在那不经意间,思考逐步深入,思想慢慢成熟。

　　"育人了无痕。"以我的切身经历而言,一个校内展览"偶遇"的展品,一次特别的视觉盛宴,一点点思绪的触动,一位素未谋面的教师,却因其作品对我的吸引,而由此展开了自己的思考并予以实践探索,从而有了对"艺术和科技"融合的更深入的认识。思考和实践不一定会带来什么,但是教育不就是应该启迪学生思考、引领实践探索的吗?"育人了无痕",我以为这才应该是教育的真谛。

　　这就是上大,润物细无声,这就是上大,育人了无痕。

有如时雨化之者

2021级 社区学院 陈烨勋

孟子曰:"君子之所以教者五:有如时雨化之者,有成德者,有达财者,有答问者,有私淑艾者。此五者,君子之所以教也。"在上海大学的校园中,每位辛勤的老师都是志士,志在让每个学子在进入社会之前成才,志在为国家培养可用之才,志在为教育奉献自己的力量与青春,而这群志士中就有这样一位君子——王玉超老师。

陈烨勋

王玉超老师是上海大学理学院数学系的一名教师,本硕博都毕业于山东大学,师资博士后出站留在上海大学。初入上海大学,我便听理学院的朋友谈及他们的辅导员王玉超老师,他们叫他超哥,还关注了超哥在B站的账号"上大王俊凯"。但凡上过超哥课的学生,对他课堂中的幽默风趣、满满干货无不交口称赞,可谓有口皆碑,甚至很多没上过超哥课的学生也是他的忠实粉丝,从选课时他的课程一座难求便可见一斑。

后来我加入了数模社群,在群里真切体会到超哥的平易近人。无论是当有问题的提出,还是激烈讨论的展开,抑或表情包的你来我往,超哥都能和同学们打成一片,丝毫感受不到我们之间的年龄差距,甚至哪怕夜深人静的时候,超哥也会秒回消息,完完全全就是年轻人的模样。

为了能让参加数学竞赛的学生获得佳绩,理学院数学系的老师们为他们准备了赛前辅导。由于基础知识尚未掌握熟练,我自然没机会参赛,不过我还是收看了超哥赛前辅导的直播。当时抱着图个乐的态度,后来事实证明不管我以怎样的态度去听,结果都一样,因为其中的内容远超出了我一个大一新生所受教育的总和。每当他停下向直播间的另一头的我们询问是否有疑问时,偌大的直播间齐刷刷地扣"没有",似乎只有我一个人满腹疑惑,这样的情况持续出现在一个又一个问题上。我尽力想去听懂,去跟上超哥的思路,但仍收效甚微,长此以往,这些辅导与我而言便成了"打水漂"。为了不至于空手而归,在下一次超哥提问时我在评论区打下了"有",在一个个"没有"中显得甚是突兀。但或许是超哥没有看见,他直接往下讲下一道题去了,我有些气馁,甚至有些受挫。不过好在评论区很快有其他同学为我指点迷津。疑问的出现总是在所难免,更何况是我这样的新手。由于有了前车之鉴,这次的我更加踌躇,但好像也因为如此,超哥这次停顿的时间似乎比之前更长了些,而评论区里齐刷刷的"没有"好像也没先前那样一片了——他们好像都在等待我的疑问。在这种情况下,我的勇气也被调动起来,又提出了一个问题。大喜过望,就好像正中超哥下怀一样,他一见我的疑问便舒缓了语气开始认真地讲解。再后来,变成也不光只有我一个人有疑惑了,越来越多的疑问被提出,超哥也很乐得为我们答疑解惑,如此,他上课的目的也达到了。

在超哥的B站账号里,除了高数知识的梳理讲解,更多的是他作为"业余段子手""业余说唱歌手""业余电竞选手""业余dancer"的本色出演,不论是网上课程还是各类"整活"视频,都能为超哥涨粉无数。从博客、微博、知乎等的第一批用户,到开设自己的直播频道,再到在线上平台授课,超哥总是在不断尝试将新事物和课堂教学有机结合。正因此,他认为弹幕能为课堂效果服务。在他的直播中,每当涉及一个重要的概念,他就会鼓励学生将其打在公屏上。这样不仅能活跃气氛,还能提高学生的参与度和专注度。"我相信发完弹幕,他们一定会对这个知识点印象深刻。"超哥还会灵活运用时下流行的梗,帮助学生们加深理解,"当然,段子只是一种形式,更重要的是服务于内容。"

在超哥身上,上大人"自强不息"的精神品格体现得淋漓尽致。出自书香门第的他,选择数学教师这个职业,成为"师三代",这和家里人对他的影响密不可分。同样,作为受学生爱戴的党员教师,超哥说他之所以成为党员,多少是因为家庭的耳濡目染,"全家都是老党员,所以一上大学,我就递交了入党申请书"。从超哥的 2019 年第一次 B 站直播授课以来,他已收获超 1 万名粉丝。每次涨粉都能让他兴奋小半天,但他从不安于现状,他一直以来都在思考怎样将这份鼓励转变成更大的动力。他觉得是学生们在用实际行动不断督促着他在各领域都有所突破,认真做好每一次直播。

超哥曾提到过"数学的尽头是哲学"的观点,基础数学的研究通常具有超越时代的意义,尽管我们无法确切地知道它眼下的实用性,甚至不知道它当下是否有用,更无法预料未来它的发挥几何,但就前瞻性的角度而言,哲学和数学在这个方面有一定的共通性。"在听一些国外专家的报告时,你会发现 philosophically speaking(从哲理上讲)这个表述出现的频率很高。"在他看来,具体的数学工具可能是解决某几个问题的某种方法,哲学的思维方式却能让人高屋建瓴地把握整体的战略。"我最希望同学们学到的,就是用哲学的思维方式思考数学问题。"

在上大的校园里,超哥只是许许多多具有"自强不息"上大品格的教师的典型代表,像超哥这样的教师在上海大学还有很多,或是你我未曾相识的榜样人物,或是与你我朝夕相伴的良师,正是有了这样一群教师引领我们向前,上海大学才能一步一步壮大。

人的一生只有一次青春。现在,青春是用来奋斗的;将来,青春是用来回忆的。

良师益友　立德树人

2021级　社区学院　蓝晶晶

> 高校沃土育英才，
> 亦师亦友常相伴。
> 真情送暖畅胸怀，
> 圆梦今朝向未来。

十七载寒窗终于踏进上大的校园，对于大学生活我满怀期待，同时也有着不安与对未来的迷茫。而遇见我们的辅导员——薛赛男老师，便是我大学生活里的一大幸事。

与其说辅导员是高校学生日常思想政治教育与管理工作的组织者、实施者和指导者，我想，更多时候，我愿把薛赛男老师当作我们成长成才路上的人生导师和知心朋友。

我们会亲切地称薛老师为男姐，除了辅导员的身份，男姐还担任社区学院团委副书记，主持学院团学工作，在大学生社会实践课上担任讲师。她曾多次获得高校辅导员系列奖项，其所带领的班级和团队也在不少院校级项目中取得优异成绩。

作为七年上大求学后仍留在上海大学工作的"老"上大人，男姐始终秉承

蓝晶晶

着立德树人的宗旨,在母校奉献青春的热血,书写奋斗的篇章,她那颗对工作永葆热情干劲、对学生永远亲切坦诚的心深深打动了我,让我见识到了一位辅导员为赓续上大精神、培育自强不息上大学子所付出的努力。

男姐始终以"一心向学,追求卓越"为班级的建设目标,在鼓励我们丰富大学生活的同时,也时刻不忘督促我们的课程学习,从教以来,她极其重视班级的学风建设,从适应性教育到专业认知指导探索,层层递进,依托多项学习资源与学习模式,为同学们提供全方位的学习帮助。在建设班级的同时她又不断积累带班经验,一步步提升自身管理水平。最令我感动的是,男姐在百忙中仍始终坚持每天与至少一名同学面谈,促膝交流人生理想、近期目标、心理困惑等,在男姐这里,困惑与烦恼都将被治愈,她会指点迷津,帮助我们理智分析当下的困难,勇敢地正视困难,让我们对大学生活有了更多期待与规划。

除学风建设外,男姐也会鼓励我们德智体美劳全面发展,积极参与志愿者服务与各项社会实践活动。

我担任班级团支书以来,男姐一直很照顾我的工作,会认真跟我们讨论团日活动等策划的内容,接纳我们新奇的想法,同时提供经验指点,指导我们尽量把每一处细节都处理到极致。不知不觉间,男姐这种一丝不苟、精益求精的工作态度感染了我们,督促着我们认真对待工作、生活和学习,把握住大学生涯的节奏。

不止一次,我在男姐办公室值班的时候,看到她忙得焦头烂额,还抽出时间与同学谈心,畅聊专业认知探索与职业生涯规划,为学生排忧解难。

"男姐是5G冲浪,班级里有啥风吹草动,她准是第一个知道的。"男姐时常督促我们班委要进宿舍熟识每一个同学,尽可能在日常生活中建立良好的班级人际关系,在班集体活动调动每一个同学的积极性。

可能高中班主任给我的感觉一直是严厉督促学业的师长,而来到上大,遇见了男姐这样的辅导员,让我有了结识益友的感觉,这是在与男姐接触了一个多学期后的切身体会。

犹记得初入大学,我对于很多事仍抱有新鲜尝试的心态,班委竞选时紧张地参选了班级团支书的职位,是男姐的微笑以及信任的眼神坚定了我的选择。在后来的团日活动以及班级大大小小的事务处理中,男姐都给了我很大的鼓励和肯定。每一次策划总结案的修正意见都是对我能力的锻炼与提高。渐渐地我结识了很多优秀的同学,学习到了很多人际关系的处理方式,认识到了我的工作不是类似于领导者发布指令,而是要学会如何更好地服务于班集体,服务于每一个同学,辅助辅导员的工作,更好地管理、建设一个学风优良的班集体。

秋季学期的考试并不如意,男姐第一时间找到我促膝长谈,在认真了解了我一整个学期的学习情况后,认真帮我分析了我的问题所在以及应当调整改变的方向,包括一些学习技巧,还给我推荐了成才训练营的平台和其他一些学习资源。往后的几周里,男姐也会时常关注我的学习情况,督促我好好调整,争取尽快查漏补缺。就这样,我在冬季学期的学习渐渐步入正轨。

不得不提及的是男姐作为团委副书记给我们带来的正面引领作用,她始终把对学生进行思想政治教育和价值引领作为工作的首要职责,致力于成为一名优秀的中共党员,讲好党史,铸魂育人。早在读研期间,男姐就充分利用自己的专业知识,参与创作《长征的故事》纪录片,实地调研,采访了多名长征路上的老红军,抢救性记录了革命前辈的故事。担任了辅导员后,男姐更是继续奋斗在思政工作一线,通过"大学生社会实践"课程以及主题团日活动等平台,结合自身经历,将无数党史故事与党史精神鲜活生动地展现给学生,让学生铭记历史,赓续红色基因。在她的影响下,我们感悟着革命前辈的精神品格,也深思作为当代大学生的我们,应该承担起怎样的社会责任。

另外,男姐在担任辅导员之余,也注重个人实践的锻炼和知识的沉淀,脚踏实地开展科学研究,提升理论素养,多次发表论文及大学生思想政治教育工作相关成果,并获得校级、市级等科研奖励。

十年上大人,育人成才路。薛赛男老师坚持脚踏实地认真工作,努力培养全面发展的卓越创新人才,为上大的发展注入新鲜活力,成为辅导员团队的优秀代表和上大学子成长成才路上的人生导师。

润物无声勤耕耘,立德树人在上大,谨以此文致敬薛赛男老师及辅导员团队。

伟绩丰功　千载流芳
——给钱伟长先生的一封信

2021级 钱伟长学院 代玟

敬爱的钱伟长先生：

您好！

我是2021级上海大学钱伟长学院的一名本科新生。

未曾当面睹您真容，却在与上海大学的遇见中，与您不断相识。

初次见到您，是我的大学录取结果下来的时候——上海大学理科试验班类。父亲发的朋友圈有您的照片：您坐在石椅上，面露微笑，西装微敞，脚下的石台上赫然三个金色大字——钱伟长，身后是湛蓝的天和一个巨型的好似硬币叠起来的建筑，后来我才知道，那是"钱伟长图书馆"。父亲朋友圈庆幸着我考上了以您名字命名的学院——

代玟

钱伟长学院，他以文字绘声绘色地描述着您对各个学科领域的引领：您是"中国力学之父"，您是周恩来总理口中的"三钱"之一，您更是中国近代力学、应用数学的奠基人之一。自此，我对您的敬仰之心油然而生，我的大学生活似乎更加自信和精彩了！

与您的第二面，是迈入大学校园的头几天，我参加了学院组织的"破冰活动",在学长的带领下,我和其他同学一起在校园里探索、打卡。在还不熟悉的大学环境中,我们穿过一条马路,来到了我现在才知道叫"东区"的地方,一靠近,我便见了那熟悉的建筑:好似硬币叠在一起的建筑,更夺目的是,阳光下您那尊闪闪发光的雕像。没错!就是我父亲朋友圈里的样子。您比图片中更有气场,更加威严却又不失和蔼。在您的面前,我们完成了大学里的第一次小团体合照,那张照片将永远保留,我也会永远记得第一次跨过网络,见您的模样⋯⋯

见您外表,不如了解您内在的大师风范。

开学之后,学院零零散散的报告很多,对您了解最详尽的还是那一次:学院组织了全体同学去听戴世强先生的报告。头发花白的老人,戴着方框眼镜,拿了几本书,语重心长地给我们讲您对青年学生的殷切希望。戴世强先生首先对您的生平进行简介,当一幕幕老照片在大屏幕划过,您的生活、您的过往仿佛走到了眼前:您在杂乱的书房里读书,您在深夜的桌旁伏案工作,您在黝黑的黑板上拿粉笔讲课,您在上海大学成立大会上揭幕的模样⋯⋯

您强调大学首先要培养"一个全面的人,一个爱国者,一个辩证唯物主义者,一个有文化艺术修养、道德品质高尚、心灵美好的人;其次才是一个拥有学科、专业知识的人,一个未来的工程师、专门家"。您看,您的故事有人讲述,您的话语有人记录,您的思想传递给了一代又一代的新青年,看到这些,您一定会很开心吧!

聆听了教授的语重心长,我又在同龄人的口中继续深入了解您。

在某个平凡周三的活动课上,有个扎丸子头的学姐走上讲台,以与我们更加亲近的身份,为我们讲述了您的故事。她为我们解读着您的一句话——"我没有专业,国家的需要就是我的专业。"

您出生于一个书香家庭,父亲是位教师,家里的叔伯也都是在国学、诗词书法方面颇有造诣的名家。在这样家庭环境的影响下,您精通国学和历史,并以中文和历史两个100分的成绩进入了清华大学历史系。但当您听到日本发动了震惊中外的九一八事变后,您拍案而起,表示不读历史系,要学造飞机大炮,转物理系以振兴中国。您是个爱国人,是个敢于挑战新领域的奋斗人!

"我没有专业,国家的需要就是我的专业。"您的一生,生活和爱好都可以打折甚至放弃,但唯有爱国不可以打折!爱国,我认为是每个国家的每个公民都应具备的最崇高、最深刻的品质。它似乎摸不到,却能去实现。您以专业的改变去爱国,我们也会以对专业的喜爱和对学科领域的研究去助力国家综合国力的发展!相信您的后继之人都会是个爱国人!

在大学的校园里,我和您的相识和相知当然不止这些。寒假期间,我回到了家乡,并且带着寒假回高中母校宣传的使命。对了,在宣讲的 PPT 里有一张您为上海大学布局设计的手绘图稿。我想起在大学课堂上老师不经意提起的,您说校园里要有水,如此,上海大学有了泮池,更因此得到了"宝山区第一人民公园"的称号。您尊重女性,因此,学校里的女厕所比男厕所要多。尤其是您对教学楼的连廊、集中分布式设计,让我能在课间 20 分钟,从一端教学楼到另一端,那些因为教室隔太远而迟到的事,我还没有遇到。您的细心,您的创意,散落在校园间,我们好像又更近了一步。当我为学弟学妹们分享您的故事、您的名言和您的贡献时,我感到亲切万分。您和您灿烂的一生,会继续这样延续在每一位上大学子和可能会考到上大的学子心中。

周恩来总理曾言:"任何新生事物在开始时都不过是一株幼苗,一切新生事物之可贵,就因为在这新生的幼苗中,有无限的活力在成长,成长为巨人,成长为力量。"在您的精神的滋润下,在您的教导的普照下,作为新时代青年的我们,具有无限活力,我们将成长为巨人,成长为力量。站在时代浪尖,身为后浪的我们,定不会辜负您的期望,我们会以全身之力去拍向岸头,拍出青春的声响,拍出爱国的声响!中华民族的伟大复兴必会实现,中国发展的宏伟蓝图也必会实现!您放心吧,中国后继有人!

祝您在那个明亮的地方继续熠熠生辉!

此致

  敬礼!

代玟

2022 年

良师益友　无悔上大

2021级　钱伟长学院　赖欣洁

人生难得几挚友,上海大学,不仅仅是一所教书育人的学府,更像是家乡之外的另一个"家",满溢着温情!良师益友,有情有爱,无悔上大!

热心同窗,情谊暖人

曹植在《求自试表》中道:"尘雾之微,补益山海;萤烛末光,增辉日月。"我想,上大学生便如这尘雾、萤火虫般,虽微小,但也能填满一份空缺、照亮一寸黑暗。他们热心助人,传达人与人之间细致的关怀,情谊暖人。

赖欣洁

那便从我印象最深刻的那件事讲起吧。临近大一新生开学之日,各位"蓝宝"提前到达校园熟悉环境,为开学时的新生指引提前做好准备。在我们糊里糊涂地推着行李箱走进学校大门时,几位热心的志愿者立马走上前,询问是否有需要帮助的地方。在签到领完一卡通后,又有学长主动接过我笨重的行李,毫无怨言地爬了六层楼,让一个又一个和我一般异乡求学的人真切地感受到了他乡的温暖与善意。

不仅如此,用心准备的、活泼有趣的"新生破冰活动",也在各位学长学姐的耐心组织下有条不紊地开展着,如此,不仅带领我们更好地了解了校内的布局,还通过丰富多彩的互动小游戏,打破了陌生同学间的尴尬,尽显友好。

之后的选课指导、社团解疑、朋辈辅导、中秋茶话会、元旦晚会……无不彰显了上大的人文关怀,极大地帮助了我们这群新生小白,一起学、一起吃、一起玩,让大家尽早地融入大学生活。

鲁迅先生曾表达过对中国青年的期望:"有一分热,发一分光,就令萤火一般,也可以在黑暗里发一点光,不必等候炬火。"上大学生或许便是其生动体现,捧着温暖的一颗"红心",燃烧热情,传递善意的炬火。

师长引领,红色德育

《师说》有言:"师者,所以传道受业解惑也。"然而,依我之见,我们上大的老师不仅仅教授知识,在立德树人这一方面也颇为重视,因此,我更愿意用唐甄的"学贵得师,亦贵得友"来形容我们上大师生间那亦师亦友的关系。

全程导师的"高端配置",鼓励学生积极发挥主观能动性,更好地为学生指引了将来的部分职业规划,起到了指点迷津的关键性作用;辅导员对课后生活的关心,一定程度上帮助学生缓解了在大学的焦虑感、心理压力;任课教师对教学的细致严谨,也极大地鼓舞了学生学习钻研的热情与信念。

且拿我们学院来举例。全程导师走进书院,"接地气"地在餐桌上交流近期的学习、生活情况,提出了很多经验之谈,帮助学生努力提升能力;新生入党动员大会,吴老师引领我们更加全面地认识党,激发了入党热情,让我们对党有了更清晰的认识;戴世强教授在钱伟长讲坛上孜孜不倦地分享学习方法,即使年过八旬,仍慷慨激昂地讲授了整整三个小时;沈青松老师虽然身体不舒服,也依旧坚持到晚上 11 点,给我们入党申请人提出金玉良言,如黄钟大吕,言犹在耳;辅导员周玫老师,经常在闲暇时找同学聊天,解决寝室小矛盾,分享学习经验,关心生活情况……如此亦师亦友的老师,不仅仅停留于将学生培养成为一个知识型人才,也在品德修养、道德引领、价值观树立等方面,如春风化雨般影响着我们,缩短了师生间的距离,也使彼此的心更近一步!

"教师是人类灵魂的工程师,"斯大林如是说。身为一名上大人,我很庆幸遇到了这么一群默默奉献、引导自己升华思想境界的教师,也很庆幸遇到了一群如此"可爱的朋友"!

芊芊校友,"伟长"赓续

进入上大,感触最深的是,这里的老师和学生都把"钱伟长精神"深深地刻进了骨子里,融入了日常生活中。"自强不息""先天下之忧而忧,后天下之乐而乐",对每一个上大人而言,从不曾简单地停留于口中。

且看熊学姐分享的四年大学经历。在大一、大二时,稳扎稳打掌握基础知识,不懈地努力向上;积极尝试未知的挑战杯、竞赛领域,在茫茫的 APP 中搜寻有用的内容,自学了诸多本专业外的知识。在大三时,除了精湛专业知识,也开始尝试在校外寻找机遇:通过自己主动找相关导师推荐实习公司,莽莽撞撞、懵懵懂懂地从零自学,从一个什么都不会的小白成长为可以从容提出策划方案,甚至是比正式员工能力更佳的一把"好扳手";在具备了一定的能力后,也没有止步于现状,而是走出舒适圈,一次又一次地找不同的岗位实习。通过不断地在不同的工作岗位上实践,企图寻找符合自己兴趣爱好的那一份职业,从而更好地为国家贡献力量。我想,这便是"自强不息""先天下之忧而忧,后天下之乐而乐"的最好诠释吧!

再看我身边的数学系赵老师,虽说人到中年,生活安稳,但还是勇于突破,在数学这个已足够成熟的领域,破壳推陈,没有思维固化,只有不断创新,正如他所言:"活到老,学到老,人还是得不断突破、不断向上,为咱的国家做出一点奉献的!"通透有力,实为楷模!

以"伟长精神"为纽带,师生共勉,经验互享,自强不息,更上一层楼,挑起重任,绘时代蓝图!

习近平总书记曾说:"高校立身之本在于立德树人",要培养"德才兼备、全面发展的人才"。的确,高校不仅要教书育人,更应立德树人;而立德树人,又离不开同学和老师的共同努力。我相信,在上海大学师生关系融洽、共同学习进步的氛围下,我们能更好地成长为社会所需要的人——有温度,有能力,负责任!

春风化雨　润物无声
——阅读钟云波教授

2021级　中欧工程技术学院　刘承渔

转眼间,我在上海大学已经度过了将近两个学期的时光了,在这期间,上大带给我一种亲近之感,有美丽的校园、齐全的设施、亲爱的同学,更有和蔼可亲且极具专业水平的老师。我认为正是这些教育者、大学者才汇聚出上大之魂,在刚进校之初的开学典礼上我就感受到了这种蔚然成风的师者气象。记得那天,钟云波教授作为教师代表向台下一万多名像我一样的上大新生发言,至今令我印象深刻,钟教授在上海大学工作与学习期间屡获佳绩,之后我也从一些文章中了解了这位说话幽默、可爱可亲的

刘承渔

教师。作为一名学者,能够如此持之以恒地学习的确使我深受震撼与鼓舞,使我坐在台下不禁开始憧憬我在上大的将来,备受触动。

钟教授在上大已有25年的时间了,其间"读了5个本科,做了4个管理,信了3位大师,得了2个荣誉,组建了1个团队"。三年半后,博士毕业留校工作。2002年做副研究员;2006年底升研究员;2010年获得第一个国家资源,可以进行重点项目研究;2014年升正高三级;2018年获聘长江学者。能如此一步步拾级而上,我觉得不仅在于钟教授对于自己科研领域有深刻的研究与建

树,更在于他背后付出的艰辛与努力。

在此期间,钟教授的博士论文获得了全国百篇优秀博士论文荣誉,同时在徐匡迪院士的教导下,刻苦钻研取得了重大发明成果,同时日夜奋斗而成的专业论文被期刊 Science 收录,这是上海大学首篇 Science 文章,钟教授在一篇访谈中谈道:"我们一起努力了 700 多个日日夜夜,失败了很多次,学生们都几度想放弃,但最后坚持了下来,克服了无数的困难,才有了现在的收获。"钟教授用二十年的科研积累凝结这一项技术,融合了多种学科的最新知识,他对于科研有独到的见解:"要耐得住寂寞,坐得住冷板凳,要有坚强的毅力,坚持正确的方向,还要不断培养创新意识,敢想敢做。"

上大之大,在于英才辈出,大师云集。大师便是那些能够忠于职守,肯埋下头踏实钻研的一位位学者,以上大的校园作为平台,更体现出学校浓郁的学术氛围,进而大师云集,他们作为传道解惑的基础,将源源不断地对他人、对社会做出不同凡响的贡献,同时增长自己的学识,不断突破。

作为上海大学留校工作的上大人,钟教授不仅在科研方面屡有建树,同时在人才的陪育方面也有突出的贡献。他在上大 20 多年,培育了 3 位杰青、4 位长江学者、5 位优青、6 位曙光学者、7 位启明星计划项目学者。钟教授在发言中特意用了"陪育"一词。"陪"是陪伴的陪,"育"是育成的育。发展人才就是陪伴他们和育成他人,在这漫漫的学术之路上,这种细雨无声的滋润能给人无限的鼓舞与支持。

上大之大,在心怀天下、追求卓越的气质;在甘于奉献、诲人不倦的良师。钟教授在上大持之以恒为国家社会贡献人才的实干精神深深震撼了我,使我对于进入大学如何成长有了更加明确的方向。持之以恒、深耕细作才能有所成就,追求卓越,在优秀的平台择良师,如此教学相长才能更好地发展自我。在我看来,钟教授在育人过程中更有一种师生互伴的理念。

发言中他提到在陪育学生的过程中自己也在学生的陪伴下不断进步。这种师生共同进步,互相支持的品质也使我由衷地敬佩,我觉得这也是钟教授在学术研究中能够持续突破的原因所在,正如钟教授所言:在上海大学,如果足够善良并具有广阔的胸襟,你不成长都不行。这种"不分长幼,择善而从"的学习风气更加让我体会到了上海大学是一个真正能够有所成就的成长之地,这不仅仅体现在学生的进步上,还体现在上海大学的各位老师身上,他们共同成就,形成了一种源源不断的合力,推动着上海大学的进步,相信在这种合力的推动下,我们上大人一定能发展得越来越好,实现突破。

钟教授潜心于专业学术,同时也有人文关怀。他在开学典礼的讲话中也和我们分享了他的成功经验:做好健康管理、事业管理、团队管理、家庭管理"四个管理"。他认为这"四个管理"不仅适合于本硕博学生,也适合于广大教师和其他从业者,如此才能全方位地管理好个人、家庭和事业,使自己能够全身心地投入自己的工作,做出一番事业。

在上海大学里,还有许许多多像钟教授一样敬业负责、不断持续研究的老师,这里有多名中国科学院院士、中国工程院院士、国家973计划首席科学家等学术领军人物,这强大的教师阵容为每一位上大学子提供了一流的教学,每年多项国家技术发明和科学进步奖项显示了上海大学的国际竞争力。同时,作为一名中欧技术学院的学生,我了解到在我们中欧学院里也有许多专家学者,他们就在我们周围,给我们以指导,促进我们成长,还有许多来自法国的外籍老师以及企业和学术界的导师教授来传授前瞻的思维,培养我们解决复杂问题的能力,形成中外结合的教学特点。我想正是他们的存在才得以让大学生生不息,让知识得以发展与延续。我很荣幸成为上海大学的本科生,能够在这片美丽并且富有学术氛围的校园里感受到像钟教授这样的学者在自己学术领域的坚持不懈、不断创新,我也会努力向他们学习,让自己的知识积累,创新思维,践行上海大学的校训"自强不息""先天下之忧而忧,后天下之乐而乐",成为一名合格的社会主义建设者,以上大为荣!

承继百年德　行为万世范

2021级　中欧工程技术学院　李芃成

"所谓大学者,非谓有大楼之谓也,有大师之谓也。"

百年红色学府,一代又一代的上大人,赓续精神,勇担使命,共筑起"北有五四运动之北大,南有五卅运动之上大"的美誉。回顾峥嵘岁月,润物无声,薪火相传,一位又一位的学者教授,为国家培养了许多堪当国之重任的栋梁之材。教育本就是民族振兴、社会进步、国家富强的重要基石,而教育者更是应当学为人师,行为世范,毋忘初心,立德树人。

李芃成

大师之谓,当能倾身奉献,甘为路石。

上海大学终身教授戴世强,虽已耄耋之年,仍每年在全国各大院校举办学术讲座,指导学子们开展科研工作。他作为"两弹一星"功勋奖章获得者郭永怀先生的学生,也曾长期跟随钱伟长校长,因此深受两位大师的谆谆教诲。他不仅与学生关系亲密,亦师亦友,常常同学生一起就各种问题展开讨论,而且在对待学生的学业问题上一贯一丝不苟、精益求精。他总是不厌其烦地修改学生的论文,有时甚至通宵不眠。正是这样一位爱岗敬业、无私奉献的教师,为我国力学事业不断培养具备专业知识技能的人才,为祖国建设泵入新鲜的血液。戴世强教授的恩师郭永怀先生曾说:"我们、你们和你们的后代,几代人都应当成为中国力学事业的铺路石,要有铺路石精神去指导科研!"正因如此,戴世强教授毕生践行"铺路石精神",并把自己视作"二传手",直言道:"我们的工作是为了下一代能够更加优秀!"

以奉献精神为落脚点,引领学生突破自我的小格局,奔入时代的大潮流,不断奋斗、实践、求索,在奉献与拼搏中寻找人生意义,实现人生价值。

大师之谓,当心怀"国之大者",把汗水挥洒在祖国大地。

中国拥有浩瀚无边的海域,是名副其实的海洋大国。然而,我国想要完成从海洋大国到海洋强国的转变,离不开海洋高科技装备的支持。上海大学"无人艇"教师团队是沪上首批"全国高校黄大年式教师团队",在国家需要之时,毅然挺身而出。"国家的需要,就是我们的专业。""服务国家海洋战略,我们义不容辞。"铮铮誓言,上大人使命在肩。青春无悔,用热血与担当书写对祖国的深情告白。十多年间,"无人艇"教师团队致力于海洋智能无人艇装备、减振降噪、海洋传感器等研究工作。以"精卫"命名的无人艇,成为我国第一艘到南海、南极、东海作业的无人艇。"精卫"系列无人艇不仅仅是教师团队锲而不舍、敢为人先精神的真实写照,同时也引领无数学子积极投身"科研报国"的伟大事业。胸怀大我,致精致诚,纵是"精卫"微薄之躯,我们依旧搏击长空,逐浪向前。

"向海而兴,背海而衰。"时刻不忘家国,肩负使命,以"精卫故事"言传身教,将爱国热情,坚韧毅力,团结精神融入科研实践中,引领学生自觉担当起新时代的生力军、弄潮儿。

习近平总书记指出:"高校立身之本在于立德树人。"全国各地高校不仅肩负传播知识、真理,鼓励创造、创新思想的重任,更应当正确引导学生的人生观、价值观,塑造更加健全的人格,培育更加优秀的道德品质,激发更加博大的家国情怀,培养堪当民族复兴大任的时代青年。百年树人,润物无声。教育要做到因势而异,因时而进,要引导学生正确认识国际局势,时代特征,具有历史的使命感和开阔的眼界格局。引导学生敢想敢做亦脚踏实地,以自我的不断发展引领社会和国家的革新与进步。而这一切离不开的正是那一支支素质过硬、水平高超、师德淳厚的教师团队。

上大百年红色积淀,历史的厚重感带来上大人心灵上的崇敬与信仰上的坚定。教书育人,为国育才,是百年来不变的初心。从民族运动的革命圣地到教育前沿的高等学府,我们见证了祖国的伟大腾飞,也始终坚定办学宗旨,初心不变,砥砺前行。昔日的仁人志士、热血青年"为天地立心,为生民立命,为往圣继绝学,为万世开太平",而今他们的火把交到了一位位恪尽职守、默默奉献的教育者手中,将由他们传递给时代青年,成为时代青年胸中的火、眼里的光。

"求木之长者,必固其根本;欲流之远者,必浚其泉源。"树人犹如树木,教育者为培养"立大志、明大德、成大才、担大任"的国之脊梁,当如树木般春风化雨,润物无声。将言传与身教相统一,不断提升自我的专业能力和品德修养,以实际行动做好表率。润物无声,是一种传承。一代又一代拥有着相同文化根基的师生们,在传承中追根溯源,寻求归属感与认同感。雨润万物般的教育隐去了它的痕迹,但在细致细微、潜移默化的过程中却蕴藏着无穷的力量,这股力量如同一处泉眼,绵绵不断地给予学生新的生命活力。

润物无声,亦是一种从容。正如清华大学校长邱勇所说:"从容是学者应有的态度,也是大学应有的气质。教育的长周期性决定了大学不能急功近利,迷失方向。育人要春风化雨,润物无声,营造安静宁和的环境;为学要潜心沉思、笃实淡定,耐住'衣带渐宽'的寂寥。"这份"从容"之感,无法来自紧张的学业节奏和激烈的"内卷"竞争,而是源于一种对于知识和真理最纯粹的追求,源于对于自我价值实现的最深刻的求索。"润物无声"式的教育者当亮如暗夜的灯塔,引领学生拥有浮华中的返璞归真,拥有内心深处真正的从容与豁达。

云山苍苍,江水泱泱,先生之风,山高水长。百年树人,"师道"传承,春风化雨,润物无声。

主题四　溯源青春　逐梦上大

我与上大

2019 级 微电子学院 程宇晗

不经意间,这已经是来到这儿的第三年了。

春花秋月,夏蝉冬雪,当所有的景都裹上了情,便显得更为淡雅与可亲。记忆的碎片早已散落在每一个角落与其融为一体,思绪飘飞时又倏然跳跃着,组成了心底的那个上大。直到现在我还清晰地记得三年前第一次踏上这方土地时,从地铁站出来提着行李由北边的小门走进时,怀揣着十八岁的不安,望着旧石子的路和带着年岁的网球馆,对这之前不曾听闻却因少年意气而笃定选择的上大产生了第一次的迷惘,彼时,还不知道东区为何物,也不曾预见一年后第一次走进钱伟长图书馆时的惊叹。我还记得当时知乎上的推送和关注扑面而来的都是"上海大学和某某大学怎么选",并一篇接一篇地看着那些所谓平台至上的言论却又对其进行着疯狂的抨击,试图去证明自己当初的选择,企图矛盾而又无力地去击碎十八岁的迷惘。回首望去,不禁莞尔,又何必去证明什么。我也是,上大也是。我爱那泮池绿草地上倾洒的阳光,我爱 J 楼天台上洋溢着青春的爱情宣言和沉醉的晚霞,我爱东区建筑群的现代感与科技感,我爱钱伟长图书馆里氤氲在香氛中的浩瀚书卷,但是,我更爱那已经融进了上大每一个细节和瞬间的钱伟长精神。

程宇晗

从大一的新世纪,到大二分流住进南区的钱伟长学院,再因为学院迁址,大三那年从宝山搬到了嘉定,我倾醉于上大的每一处草木,倾注过最多的情感与回忆,从人在景外到景中人,我忽然意识到,三年的时光里,上大用她那润物无声的包容与气度已经在不知不觉中把我从一个浮躁尖锐的青年培养得宽厚而又平和。甚至当我完全不再在意她流露给世人是怎样的一面,受到上大精神乃至钱老精神潜移默化的熏陶不断进步时,每次跳出书海回望上大,都发现某某榜上上大与我一起一点点坚实在进步。

钱老定下的校训是"自强不息"和"先天下之忧而忧,后天下之乐而乐",我亦是爱极了上大的兼容并包。我记得那时对所有的知识充满着好奇与求知欲,大二分流后虽然去了微电子学院,但我可以很骄傲地说我几乎上过上大所有给本科生开设的通识课甚至是部分专业课。我记得那时不喜欢睡懒觉,每天起床就打开选课系统按时间查询一天所有的本科生课表,挑一节喜欢的课便从早上8点开始旁听,下课了便查询下个时间段的课程,选一门感兴趣的课找到教室继续坐下旁听,除去自己的必修课,一天基本从早上8点到晚上9点都在A楼到G楼徜徉。旁听时,若老师讲得引人入胜我便如海绵般尽情吸纳,若老师讲得索然无味我便写写作业看看自己的专业书。这是我人生第一次主动去听课,第一次有如此之多的方向和知识可供随意选择并在老师的传授下尽情学习。我爱极了钱老的精神与思想,爱极了其"拆掉大学的墙",爱极了其兼容并包的大师风范,爱极了其说过的"培养的学生首先应该是一个全面的人,是一个爱国者,一个辩证唯物主义者,一个有文化艺术修养、道德品质高尚、心灵美好的人;其次,才是一个未来的工程师、专门家"。学校的文化、风气、智慧绝不止于校史馆或者校训上一读而过的文字,带给我的影响也绝不止知识层面的一隅。

三年了,在上大感动的事太多太多,凌晨3点与队友一起做完的项目、打完的比赛,历时数周一起做完的学生工作,夜半黄昏后彻夜长谈时一起压过的马路……整个青春的印记和色彩都因为无数的回忆和无数的感动而变得鲜活多彩。

我记得有一次钱包找不到了,身份证、护照、学生卡、银行卡……所有证件都在其中,那时我急得将上大我所有可能去过的地方都找了一遍,并且联系辅导员试着调监控。就在我在沮丧了很久开始逐个挂失补办证件时,接到了某次活动培训的一位辅导员老师的电话,当时一面之缘留了联系方式,电话里老师说另一位辅导员老师今天上活动课的时候发现了在地上的钱包,在工作群里联系问有没有人认识证件上这位学生,他有我的印象就找到了我的联系方式。我们相约学校保卫处碰头,我骑车匆匆赶去时已是晚上9点多,那位辅导员老师一直等我确认完物品没有缺失后方才离去。钱包失而复得的我早已感动得无法形容,感慨对学生多么留意的老师才能对着照片认出只有一面之交的学生来并且回想起有他的联系方式;又是多么负责的老师才会下班后在保卫处一直等到9点多直至物归原主确认无误后方才离开。是有多么幸运和温暖,在大教室里,一周上了多少节课,走动了多少学生,这个钱包最终被一位新生发现后找到失主,不知道它之前是否没被人发现掉在地上,又是否曾被人捡起看到里面的证件和现金后拾金不昧放回原处等待失主回头找寻,不管何种,整整一周的时间,都无不蕴含着上大师生的善良、热情和温暖,整整一周,面临着无数的可能,都被上大所有老师和同学的善意所包围守护,就那么静静地躺在最初的地方。背井离乡外出求学,孤独与思念正是被这一点一点的暖意所化解,所感动,所融化,让你知道在青春的这条路上并不是一个人在孤独地走,无论背景、目标、途径,我们都是在共同搀扶着走向同一朝圣路上的人,而上大,便是我们所有人征途中的家。

  这已经是我第三年参加回高中母校宣讲的活动了,在上大我慢慢找寻着我的可能,并试图为我当时所有的迷茫找到答案,从一开始进入育成计划加入人才学院,到后来成为院学生会的主席团成员,再到后来获得了许许多多的荣誉和奖学金,直到现在忙于升学,我都没有停止过回母校宣讲。对我而言,这代表的是一种传承和桥梁,从过往十八岁迷茫的我到现在的我,从过去的高中母校到现在的上大,把从他人那里接受到的善意传递出去,把上大不同于世俗评价的那一面,那最内在而又引人入胜的一面,带给亦是十八岁的学弟学妹们,成为他们的选择。

  我没有在上大的同校学长或学姐,我是江苏省宝应中学考进上大的第一位学生,两年的历程过去了,下一届乃至与下一届一起去宣讲招生从而填报上大的共七位同学,他们也即将组成新的队伍扬帆起航,开始属于我的又一次母校宣讲。

  常有人问上大对我意味着什么,我想了想,她是母亲与旗帜,有着无微不至却充分自由的关怀,有着润物无声的包容与善意,又给人以最崇高的引领,无论是精神、品性,还是远方。有时候偶尔想到,如果高考完再填一次志愿,你还会和当时十八岁的自己一样因为一时的缘分笃定以高分来选择上大吗?

一定的,不禁莞尔一笑,因为这已经经历过历史的检验,从过去,到现在,再到将来。

赓续红色基因　传承红色文化
——"红色传承"团队在祖国大地上书写壮丽青春

2019级　新闻传播学院　维娜拉·海拉提

1921年，中国共产党在上海成立，犹如茫茫黑夜里照进希望的曙光。1922年10月，中国共产党与国民党合作创办的一所高等学府——上海大学横空出世。2022年，这所有着"红色基因"的高等学府，将迎来建校100周年的高光时刻。回首过去，上海大学培养和造就了一大批投身革命和社会进步的优秀人才，在党的革命史上留下了瑰丽的篇章。"北有五四时期之北大，南有五卅时期之上大"以及"文有上大，武有黄埔"的美誉，在上大学子的心田种下了永不熄灭的火种。今天的上海大学，正在践行着"自强不息""先天下之忧而忧，后天下之乐而乐"的校训精神，在世界大学行列中书写鲜明印记，在践行上海城市品格中彰显上大特质，奏响了新时代"追卓越、创一流"的冲锋号。

维娜拉·海拉提

从青云路到上大路，任时光变迁、岁月流转，红色学府的基因始终在传承。穿过溯园，经过泮池，在上大校园里，经常活跃着这样一支队伍：他们历经10年时间，重走红色足迹、追溯红色记忆、寻访红色人物、挖掘红色故事、体悟红色文化，感受革命精神的磅礴伟力。他们，就是上海大学新闻传播学院"红色传承"创新团队。

图1 "红色传承"系列纪录片片头

传承红色文化

在世的老红军、老八路军、老新四军等革命前辈是十分宝贵的教育资源。全国在世的老红军战士已经寥若晨星,健在的老八路军、老新四军亦为数不多了。这些老战士年事已高,大都进入耄耋之年,有的已逾百岁。因为健康原因,每年都有一批老战士离我们而去。由此,抢救性记录和发掘老战士所经历与所见证的革命故事,记述他们的峥嵘岁月,传承革命文化和红色基因,讴歌革命前辈的英雄事迹,为"四史"学习教育积累生动素材,就成了一件非常紧迫而有意义的工作。

"红色传承"团队是一支由上海大学新闻传播学院王晴川教授和余江如客座教授领衔,专注于红色题材纪录片创作和研究的创新团队。除了王晴川、余江如老师

图2 指导教师:王晴川教授

图3 指导教师:余江如客座教授

之外，团队指导老师还有郑涵教授、虞国芳副教授、汪洋副教授等。团队成员主要是新闻传播专业的硕士研究生和部分本科生。团队的核心要旨，就是在促进学生完成学业的基础上，提高学生综合素质和修养，为党育人，为国育才。10年来，团队致力于讲述在世的老红军、老八路军、老新四军等革命前辈的动人故事，记述他们的峥嵘岁月，传承革命文化和红色基因，讴歌革命前辈的英雄事迹，留下珍贵的历史档案和文献资料。

早在2012年10月，上海大学影视艺术技术学院（新闻传播学院的前身）教授王晴川，就联合上海市新四军历史研究会余江如老师，整合上海大学新闻传播学科和戏剧影视学科的师生力量，依托研究生课程"电视新闻与纪实作品研究"，开展了以"红色传承"为主题的电视纪录片创作工程。

10年来，团队以"红色传承"为总题，创作完成了包括"长征的故事"系列、"将士风采录"系列、"上海解放的故事"系列、"新四军英烈的故事"系列在内的100集电视纪录片，累计覆盖300多名学生和上千万受众。《人民日报》《光明日报》《解放日报》《安徽日报》、上海电视台、学习强国等80多家主流媒体给予了热情关注和报道。

图4 新四军烈士王明星生前唯一的照片　　图5 "红色传承"团队还原的王明星烈士油画

2021年秋冬学期,上海大学"红色传承"团队开创了新篇章,启动创作10集纪录片《开国将军的故事》,这10集纪录片将于2022年下半年播出。

发挥专业特长

"红色传承"团队是一支具有专业素养的团队,采访与创作的背后,离不开专业课堂对电视纪录片相关理论和知识的指导,这门课程就是上海大学新闻传播学院王晴川教授、余江如客座教授领衔的"电视新闻与纪实作品研究"。

该课程是一门主要面向新闻与传播专业硕士研究生的专业选修课。在媒介融合的大背景下,新闻与传播专业的学生需要同时具备电视新闻与纪录片的策划、采访、拍摄、编辑等能力。如何在短短的两年时间内,让新闻与传播专业的硕士研究生们既具备电视新闻与纪录片的理论前沿知识,又真正掌握电视新闻和纪录片的全流程创作技能,这是一个现实问题。该课程的建设目的就是:站在立德树人和为党育人、为国育才的高度,致力于培养全面发展的卓越新闻传播人才,致力于在短时间内把学生们培养、锻炼成为思想素质好、理论水平高、业务能力强、工作作风硬的新闻专业人才。

图6 王晴川、余江如等老师带领同学们在常熟沙家浜采风

图7　王晴川老师在"电视新闻与纪实作品研究"课堂上讲课

"电视新闻与纪实作品研究"是一门融研究性、创新性、实践性于一体的课程,课堂教学形式丰富多彩。王晴川教授认为"红色文化题材的纪录片,应在表现方式和艺术手法上进一步创新,以适应自媒体时代的受众尤其是年轻一代对于红色文化的理解和认知"。因此,在这门课堂上,不仅有教师主讲、课堂研讨、作品观摩与分析等教学形式,还有实践操作、外出采访与实践、作业训练等学习方式。从前期解说词的撰写、制订拍摄计划与联系采访对象,到实地拍摄与采访,再到后期的剪辑制作等,所有同学都能参与每一个实践环节。

10年来,"红色传承"团队的采访足迹遍布祖国各地。同学们在指导老师们的带领下,先后奔赴北京、浙江、江苏、安徽、河南、湖北、湖南、江西、福建、云南、广西、贵州、重庆、四川、陕西、山西、甘肃等地采访和拍摄。同学们已经采访上百位革命老战士,其中包括老红军战士胡守富、洪明贵、胡绵弟、张力雄、孔诚、杨曾鹏(女)、梁金玉(女)等。

"红色传承"创新团队可谓真正的"行走的课堂"。以新闻传播学的专业为支撑,以赤子之心、爱国之情为力量,将党史学习教育贯穿第二课堂。"红色传承"团队十年如一日,切实把立德树人和文化育人写在了祖国的大地上。

图 8　王晴川、余江如老师带领"红色传承"团队成员与红二十五军老战士洪明贵及其夫人合影

实现青春担当

我是上海大学新闻传播学院广播电视学 2019 级本科生,在日常学习中,虽然有过相关专题片、纪录片的创作经历,但参与红色题材纪录片的创作还是第一次,这对我来说是一次全新的体验,使我不仅对于红色文化的传承有了深切认知,在专业素养上也有了很大提高。参加"红色传承"创新团队,使我在很短的时间内掌握了电视纪录片创作的规律和方法,大大提升了自己的采访、拍摄、编辑、配音、撰稿等艺术创作技能。例如在《开国将军的故事》解说词撰写中,虽然已经修改了很多遍,当我觉得稿子已经很成熟时,却被指导老师发现仍然存在很多细节上的错误。王晴川老师强调:"每一集故事的解说词,都需要修改 10 遍以上。"我想,正是这样的严谨与认真,才使得红色故事的记录更加真实。

通过参与"红色传承"系列纪录片的创作,我感觉自己得到了很好的革命传统教育、爱国主义教育、"四史"学习教育和社会主义核心价值观教育。在参与采访和创作的过程中,在与革命前辈面对面对话交流的过程中,我们直接接受了革命传统教育和爱国主义教育。

赓续红色基因　传承红色文化

图9　维娜拉等团队成员采访开国少将曾如清女儿曾剑平

图10　新四军历史研究会余江如老师接受采访

我很荣幸在中国共产党成立100周年的这个特殊年份里,成为"红色传承"团队的第10批成员,接过了"赓续红色基因,传承红色文化"的接力棒,参与10集纪录片《开国将军的故事》的制作。我会努力发挥自己的专业特长,以传承红色基因的青春担当,以实际行动传播红色文化、传承红色基因,在祖国大地上书写壮丽青春!

红色星火　海阔天高

2020级 社会学院 叶传凤

"淮海战役千秋始,回龙泉水育新人……"淮北临涣茶馆里常回响着说书先生的声音,鼓声和板声交织。因为喜欢历史,闲暇时总爱去临涣感受意蕴悠长的过去,还有那承载着淮海战役这段波澜壮阔历史的旧址——淮海战役总前委旧址。

淮海战役,是人民用小推车推出来的胜利,身为淮北人,对这段历史记忆尤为深刻。听着"最后一碗米送去做军粮,最后一布尺用来做军装"的歌谣,看着纪念馆里的一件件纪念品,望着在阳光下飘扬的旗帜,红色的根早已扎在心中。而上大红色学府的标志,更是吸引着我选择上大,走进上大。

叶传凤

九月的阳光依然刺眼,但正慢慢驱散着疫情带来的阴霾。

初踏入学校,最先参观的就是溯园,溯园环绕的墙体高低起伏,学姐说这象征着老上大的风起云涌、波澜壮阔,出口处,从源于石库门的"弄堂大学"通往现代化的新上海大学校园,薪火相传的精神让我心潮澎湃。"溯源"而上,我了解到了老上海大学的红色故事,映目是满眼的星火,入心是满腔的激动。

开学不久,我就提交了入党申请书,渴望以入党积极分子的身份去传承心中涌动的红色情怀。在党史培训班,学习着党的知识,也在逐渐了解老上大的故事。"那是青年中国共产党人的创举,是重要历史人物的舞台,是震惊世界的五卅运动的发源地,是国共两党向苏联派遣留学生的'前舌',是上海版的'无问西东',又是充满线索的革命学生版《红楼梦》。"学者吴越这样描述着老上大。

十二月的梅香清冽,在略显燥热的秋季里浮躁的心慢慢沉淀。

对社会学向往已久的我体会着瞿秋白等学者在老上大的精神基因,想象着当时大家争先来听社会学课程的场景,心中的激动难以言喻。瞿秋白的傲骨和胸襟,与其坚韧的革命精神时刻激励着我继续奋进。

作为中国革命道路的重要探索者和开拓者,瞿秋白忠于共产主义理想,在李大钊的邀请下出任上海大学社会学系主任,其讲座与课程听众如云,盛况空前。在工作和革命中,他始终体现着优秀共产党人的担当和精神,激励着老上大的风云精神,鼓舞着每一位学生参与社会运动。

而在这个冬天,几位同学和我一起开展了一个关于红色基地的实践项目,立足于红色上大,我们的感怀更多。在项目中感受着老师给予的帮助,同学之间对红色文化的共鸣,心中的快乐和充实让迎面的寒风都不再让人心生退意,我们干劲十足地为项目忙碌,老师也在尽力为我们提供帮助和建议。

海阔凭鱼跃,天高任鸟飞,上大总是能在你想起飞、想高跃的时候,为你扬起"好风",为你提供展示的平台,各方老师都关心着你的动态,为你提供你所需要的帮助。回望老上大,也正是这样为学生提供着革命斗争的堡垒,这样的传承,怎不让人感动并为之奋进?

四月的樱花浪漫,映着灿烂热烈的晚霞。

冬季学期已然收尾,在冬天做的事情,终于在春天收到了好消息,我们的红色项目在社会实践活动中拿到了评级,而每一步成长、每一点进步都值得欢欣鼓舞,都值得在浪漫的晚霞下为每日的幸福起舞。

春天总是轻快又踏实,十大歌手比赛等活动总在空闲时间带来享受。各类志愿活动也纷纷登上前台,上大总是准备着丰富的机会,只要愿意选择、愿意参与,他就会送你高飞。红色基地的宣讲志愿活动更是体现着红色精神的传承,身为上大学生的责任感更是澎湃汹涌。

鹰击长空,鱼翔浅底,万类霜天竞自由。20世纪20年代,在那样动荡的形势下,老上海大学的师生们怀抱着为国为民的抱负,走上革命道路,参加了中国共产党,为革命事业奉献终身。胸怀祖国、放眼世界、心系社会、志在利民的情怀让我激昂向上。

而转首凝视当下,新上海大学何曾遗忘这种情怀和精神呢?"自强不息""先天下之忧而忧,后天下之乐而乐"的校训从来不曾忘怀。在这样激昂奋进的新时代,上大也为我们开拓出一片海阔天高,让我们自由发展,追寻自己的贡献,沿循红色的老上大精神。

六月的栀子花浓烈,却遮掩不住离别的跫音。

踏入上大不过一年,仅在一年内,稚嫩的面孔就已渐渐成熟,挺拔的身姿傲立,闪烁的目光变得坚定。在一项课程作业里我这样回忆我的大一:好像我刚气喘吁吁地搬着行李箱爬上五楼,好像我刚拿着地图和舍友在上大迷路,好像我们刚分清教学楼的名字和位置,好像我还没有开始大一,但分流填报已经结束,我的大一结束了,怀着感谢与遗憾,我要开始新的一段旅程啦,或许那段旅程结束的时候,我也会有这样的体味,所以,不要困于当下的情绪了,勇敢前进吧!

循着红色光亮,我踏进上海大学,追寻英雄脚步,在广阔的天地里徜徉,期待着展翅高飞。回顾这短短一年,我常翻着相册回味生活的点滴,不敢遗忘生活里的点点星光,因为这一路以来,不仅有我的脚印,还有同学、老师陪伴的步伐,是他们给我勇气,让我迈开脚步往前走;是他们给我力量,让我不再徘徊遗憾;是他们给我帮助,让我能在平坦路途上坦然前行。

在这里,我品尝着胜利的果实,也尝过失败的失意;我曾被焦虑和疲惫打倒,但也被勇敢和爱意扶起;我看到了世界的广阔,也体会着生命的微妙;我感受着时代的风云变幻,也依赖着上大坚韧的红色精神传承。薪火相传,自强不息,海阔天空,好风借力。

四季花开,人潮汹涌里,阳光洒下斑驳的影子,一年的时光就这样流转,冲刷着校园里的每一簇生命。在校园里,我听着老师对我说着上大的红色渊源,体悟着心中的红色精神;我听着同学们对我说着上大的高远平台,想象着未来的海阔天高。而在这里,我说着自己的生活碎片,说着红色的星火闪耀,都是为了——把上大说给你听。

西来少年西行去

2017级 文学院 章叶浩薇

每周五下午最后一节课,是惯例的闲话时间。看到我端着水杯走进来,即使是成绩最好的小朋友,也会把本子收下去,摆出端正的坐姿,等着这个星期的故事。一点不费劲,我从四年的大学生活里挑一件有趣的事情出来,把前因后果讲完的时候,差不多就到了下课的时间。

2016年4月,距离高考不足两个月,我的高中发布了来自学长学姐的加油视频,他们意气风发、笑意盈盈,在各自的大学里喊出加油的口号。我们紧紧盯着屏幕,试图透过他们的身影去张望那些令人神往的学校。

章叶浩薇

"上海大学"这四个字出现在画面里的时候,透过模糊抖动的画质,有一束阳光反射在图书馆的玻璃上,它一直延伸,然后消失在宽阔的校园当中。

那时候的我一定不会想到,未来八年的时光,我会带着"上大人"这个身份,从西部走出来,走到这所学校,然后又走回到西部去。我就像那束跨越山河和时间的阳光一样,从远处奔赴而来,沾上了知识的气息之后,又义无反顾地向需要的地方前进。

乱花渐欲迷人眼

落脚上海大学的第一天,我兴冲冲地到食堂打了一份西红柿炒鸡蛋,发现它确实是甜丝丝的,终于有了到上海的实感。

开学的日子总是手忙脚乱,经常闹出笑话。通知到 E 楼开会,在泮池旁的园子里迷路;买了一辆旧自行车,没想到技艺生疏骑得歪歪扭扭;翻开选课书发现通选课程多到半个小时都琢磨不完……身处的世界突然变得纷繁复杂,恨不得短时间内都把它们一一尝试。

回想起来,初到上海的自己像是一块海绵突然被放进大海,只想狠狠地吸收水分,也不管自己是不是能够消化得了。学生会、社团、校园活动,每天都背着小书包跑步前进,间歇里还要去品尝每个食堂的美食。最显而易见的后果就是成绩全面拉响警报,好在这声警报触及了多年来求学的灵魂,使我不得不立刻停下来检视自己。

上大和上海这座城市有着一样的特质,群英荟萃、包容并蓄。但机会和选择总是与危机相伴出现,如何平衡与取舍就成了我们进入学校后自学的第一课,这堂课从不点名,也没有分数,但它的作用会在未来人生的每一个岔路口上显现出来。

乱花渐欲迷人眼,繁花似锦下藏着属于自己的路。

晨风吹歌晚书芬

朋友曾精辟地评论:"你们读上大的人,就像是开了一瓶人生的饮料,里面竟然写着再选一次。"

"再选一次"指的是大一结束后的大类分流。我毫不犹豫地填写第一志愿——历史系。母亲总是担心,不止一次旁敲侧击地问:要不要再想想、考虑一些更"实际"的专业?我当然明白母亲的用意,她从不盼着我成为人中龙凤,恰恰相反,她只是希望我的人生路程能够平坦宽阔,不必遭受太多的坎坷与挫折。于是我向她保证,绝不为自己的选择后悔,并且尽己所能地培养一技之长。

在上海大学文学院历史系,有着数不胜数的收获。从人类的出现到新中国的建设与改革,从中国到世界,从政治结构到社会经济……每一门课程的老师不仅学识渊博,而且风格迥异,使我们常学常新,惊叹于人类历史的辉煌与灿烂。在这里,我与一批志同道合的伙伴相遇,他们都善良且坚定,对历史保持着强烈的好奇与虔诚的尊重。我们互相鼓励、共同进步,认真对待每一次的论文和考试。在这样的氛围下,我顺利地取得高中历史教师资格证,并且把大一时不那么"漂亮"的成绩逐渐拉回了正轨。

大四的寒假来得比往常要早一些,在离开宿舍之前,我把看了一半的书插上书签,塞进书架,敲敲桌子示意先走一步。我的室友也是我最好的朋友笑眯眯地说了一声"再见";楼下正在晒太阳的宿管阿姨提前祝我新年快乐;楼前刚睡醒的猫咪伸个懒腰抖抖耳朵,拒绝了我摸摸头的请求。

后来那本书上落满了灰,窗台上养的小草孤独地枯萎,宿舍的三个人也没能见上一面就匆匆分别。在航班被取消三次,通过一关关申请、一道道检查之后,我终于站在2020年毕业典礼的台上,代表毕业生进行发言。发言里,我说:"走得突然,我们来不及告别,这样也好,因为我们永不告别。"

那瞬间,万般情感涌上心头,几乎使人哽咽。早上的歌声乘着晚风,拂过四年好时光。

谁言韶华空易逝

2019年5月,经过学校的选拔和团市委的考核,我入选并成为当年全国青年马克思主义培养工程的学员,参加北京中央团校培训、井冈山实践、文化和旅游部实习等一系列的学习。同年10月,三轮笔试面试后,我很荣幸地成为全国第二十二届中国青年志愿者扶贫接力计划研究生支教团的成员,开始为西部支教做准备。年末,第二届中国国际进口博览会在上海如期举行,我作为上海大学的志愿者负责人参与进博会的志愿工作,这场盛会给了我极大的震撼,它将中国发展的日新月异以及与世界的联系展现得淋漓尽致。

也是在这一年里,我坚定了自己到西部支教的理想。我想做的不仅仅是上好一堂课,而是成为一名真正的志愿者,成为一名真正的老师。是的,我从西部来,从云南的彩云下走到上海斑斓的灯光里,一路上得到的帮助,使我感激,使我澎湃,使我怀揣理想并愿意付诸行动。于是韶华正好,西边来的少年要启程西行了。

花开在四季

真要动笔写在贵州支教的这一年,备课上课、代理班主任、对接社区帮扶留守儿童、负责少年宫课程……故事多到可以写本长篇小说。这些故事沉淀到最后,是一份永恒的留恋。

刚到没多久,有个孩子实在调皮,我试图与他谈心,结果每次一转头他就像条小鱼似的溜走了。布置作业,他会大声抱怨一些难以入耳的语句;考试过后,他看到成绩进步的同学收到糖果,便在办公室门口撒泼打滚讨要奖励,不肯离开。等我说一句再也不管他的气话,他又难过许久,最后眼泪巴巴地来问:"老师,你不管我,谁还会这样子对我好呀?"让人一时间哭笑不得。

还有个极聪明的孩子,爸爸妈妈离婚后把他留给了奶奶。他总是咬牙切齿地说恨每一个人,恨爸爸不通人情,恨妈妈不带他走,恨奶奶严厉地管着他,他浑身是刺,不能让人靠近分毫。某次偶遇,奶奶步履蹒跚地跟着蹦蹦跳跳的他,我把他抓到身边,问他要不要听故事。他一噘嘴,昂着头说可以听听看。于是我给他讲我的家庭、我的奶奶,还有那些成长过程中琐碎的难过。那些以为自己早已忘记的过去,看着这些孩子,仿佛又从记忆深处浮现出来。我开始意识到,也许在我们眼里的那些小事,只是因为被时间抚平了伤痕,所以忘了那时候的自己也是受过伤的。于是我开始尝试接受每个孩子的小脾气,去理解他们用放肆包装的无助。

说实话,比起我的付出,支教地的孩子们才是那个无私的给予者。他们送我最好的礼物是纯粹的依赖与喜爱。时至今日,我还时常收到来自遵义的电话,那头讲述着最近谁和谁闹了矛盾、哪位老师在课上讲了笑话,要趁着没忘记之前讲给我听。更多的时候,所有的话题都以"我们想你了"为结尾。你看,他们都是在人间收集宝藏的小朋友,我只是轻轻叩门,就悄悄送你一颗宝石。

从上海到云南的路上,会经过非常壮美的山水。从云南到上海大学的路上,有千千万万求学者的身影,我是他们中最普通的一个。

从 18 岁到 26 岁，八年青春，八年上大人，上海大学成为我的第二个故乡。我由衷地感谢她为每一个普通学子提供了足够广阔的平台，给予恰到好处的指导，包容我们的性格与选择。

我最好的选择，就是跨越 2 367 公里，来到这里。

给上大的一首情诗

2021级 社区学院 张蔓昱

2021年7月30日,从实习的单位回到家,书桌上那鲜艳的红色如一颗石子在我平淡无趣的暑期生活里激起水花。上海大学,这所常出现在父母口中、名校宣传片里的学校,在这一天从我的美梦中款款而下,向我敞开她的怀抱。新秋的最后一天,我成了一名上大学子。

我的家族同上大颇有渊源。从遥远的鲁地南下,我还仅是襁褓婴孩之时,我的姑姑成了上大的一名学生,在那以后,她的孩子也进入上大悉商学院,当表姐带着上大的馈赠走上工作岗位后,我踏上了她们的足迹,手持火红的录取通知书,踏上这陌生又格外熟悉的土地。

张蔓昱

大学和高中生活大不相同,幸好上大包容了我的稚嫩与迷茫。三个月的光阴一闪而过,回顾我在上大的这些日子,我欲以四个"爱"抒发我对上大的所思所感:

一为喜爱。我喜爱这片土地,我喜爱她为我提供的良好的学习与生活环境。温馨的四人宿舍是我学习之余最为温馨的港湾,连接宿舍区与学习区的天桥是落日西下时最佳的风景打卡处,完善的体育设施立在绿茵场畔,是我强身健体维持身心健康的最佳去处,波光粼粼的泮池倒映着不夹杂一丝灰的蓝,是我在茶余饭后与同伴谈天侃地的见证者之一。优美的自然风景为孕育人文关怀打下了基础,也是我在进入上大的第一时间就爱上她的原因。

二为热爱。我热爱这片土地,我热爱她为我提供的各类通识课程资源。她不设框架,鼓励跨大类,故而身处人文大类的我也有机会探寻微积分的奥秘,品味生命科学的神奇,通过行行编码同科技前沿接轨。"飞来山上千寻塔,闻说鸡鸣见日升。不畏浮云遮望眼,自缘身在最高层。"犹记得在报名人文大类的时候不少人告诫过我,我也听过很多说人文学科之后不好找工作等等,但我没想到的是我身处人文大类,却也能够接触很多理科工科的内容,在大一的学习之后才分流的设置更给了我一年时间去探索我真心所向往、想要去从事的专业,我庆幸自己没被跨入新的人生阶段时必会遇见的迷雾遮住求知的眼睛,有了向新的人生巅峰攀登的机遇。

三为深爱。我深爱这片土地,我深爱这片友善的土地所温养的善良睿智的人们。人文七到十班亲爱的辅导员廖导,是我在上大第一位指路人,她年龄不大,也还是一副满怀梦想心向远方的少女模样,却细心周到地为我们打点好学习生活里的一切。"身边的民法"通识课的陈老师做着我幼时最敬重的职业——律师,但毫不让人有畏惧或是距离感。结课时她笑着说:"有可能的话,之后的日子还想再见到我们的样子。""历史人文与中国画"是我抱着好奇心选的新生研讨课,但给了我远超预期的惊喜。老师年过半百,自称已是将要退休之人,但在课上却丝毫不见懈怠模样,他在宣纸上挥毫泼墨,透过历史的画卷将其中的人文道理娓娓道来。在这门课上我完成了进入大学来第一次主动发言,也让我又一次为人文的魅力而心存感慨。

四为敬爱。我敬爱这片赤色的大地,我敬爱她虽伤痕累累仍坚韧不屈的灵魂。上大初建于1922年10月,后被国民党当局武力关闭,又在1994年5月重新组建。久久溯源,百年传承,变的是时间、地点,不变的是红色学府承前启后、艰苦奋斗、自强不息、继往开来的精神。我们的先辈:以笔为枪的学生斗士崔小立,刺破无尽黑暗,用方块字堆叠出通向光明的长阶;上海大学办学正规化的奠基人邓中夏,将条理与思辨融入教学系统,为今日的双一流高校建设打下了坚实的基础;邓小平的入团介绍人萧朴生,用远见卓识为后来的国家领导人指明了前行道路,搭建一座明亮的灯塔;中共安徽省委第一任书记王步文,用鲜血写就自挽联,以无畏精神和革命气节树立一座丰碑;学生身份的上

把上大说给你听

海工人运动领导人刘华，舍小家而为大国，在血与火的洗礼中淬炼革命者的铮铮傲骨；马克思主义理论最主要的传播者瞿秋白，那曲长汀刑场上大气凛然的《国际歌》，带着生命的至真至纯响彻寰宇；任教时间最长的无产阶级革命家恽代英，授业解惑笔耕不辍，奔走宣讲字字珠玑，三尺讲台莫不染尽青春之芳华……先辈们鞠躬尽瘁死而后已，为我们铺就一条平坦的前程；我们作为新生一辈的上大人更应该以建设更优秀的上大为己任，继承红色血脉，做"国家兴亡，匹夫有责"的顾炎武们，做"苟利国家生死以，岂因祸福避趋之"的林则徐们，做"一片丹心图报国，两行清泪为忠家"的于谦们，做"未惜头颅新故国，甘将热血沃中华"的赵一曼们，逐浪而上，逆风而行。

徐志摩在作别时写下《再别康桥》，而我也想在于上大度过一季的时间点为上大作下一首小小的情诗：

　　我想把我生活中的喜悦糅进粉色的云彩，作她展笑时脸颊的飞红；
　　我想将我学习中的坚持刻上河畔的坚石，作她穿过细流时的垫脚；
　　我想把我工作中的艰辛藏进路旁的草叶，作她蹙眉时安抚的手指；
　　我想将我心中怎么也掩不住的爱恋捧到她的面前，换来她温柔的轻抚，含笑的回眸。

我因只与上大相处短短三个月的时光而惋惜，又为还能在这里生活三年多而欣喜，我渴望能够通过这漫长又短暂的四年在自己心里埋下一颗种子。埋下一颗会为所热爱的执着钻研的种子，一颗会在国家社会需要时挺身而出的种子，一颗会让我的心中满怀激情与热血的种子。

我渴望我能借助上大自由之氛围，永葆热忱的少年之心；得以周游世界，翱翔太空，仍存心中的热爱之火；可以在经历过世俗平淡的柴米油盐后，眼里还能闪着光地叙述我的梦想与追求……

多少轮光阴流转，岁月更迭，唯有少年与爱永不老去。

相约百年上大　共书青春有为

2021级 社区学院 国椿翌

百年一世纪,百年一华章。

1922年,一群有志青年从上海大学启航,走向新中国,书写上大故事;2021年,上海大学走向百年之际,身为新一代上大学子的我走入校园,开始书写我与他的故事,见证学校走向新一个百年。在这里,我想分享我与上大的点点滴滴,将我眼中的上大讲给你听。

我的高中母校自2018年起,每年都会有一名学子来到上海大学学习深造,成为新一届的上大人。2021年,在听学长学姐讲述了他们的上大故事后,我也决定追随他们的脚步,从吉林省延边地

国椿翌

区的一个小小的县级市跨越千里,加入上海大学这个大家庭,成为我们高中大家庭的"上四代"。如今我已经在上海大学度过了一个学期。过去的12周让我深感来到上海大学并成为这里的一员是一件多么幸福的事。入学时帮忙搬东西的学长和答疑解惑的学姐,让我与这个大家庭有了一个温暖的开始;精彩纷呈的开学典礼是学校送给我们的见面礼,让我的朋友们羡慕不已,也第一次让我为自己是上大的一员而倍感骄傲。这里有和蔼可亲,温柔体贴的辅导员老师,关心牵挂着我的学习和生活,让离家千里的我感受到了家的温暖;这里有辛勤工作的老师,无怨无悔地为我们付出,培养我的品德,帮我探索未来的

道路，无私地将我们培养成建设祖国的新一代人才，润物细无声；这里有志同道合的伙伴，我结识了许多与我志趣相投的同学，我们一起研究，一起尝试从未接触的领域，相互学习，一起在学校的培养下进步，向着自己的梦想奔去。

在上大，有"润物春雨，育人无声"；在上大，有"同学少年，风华正茂"；在上大，有每个上大学子的青春。每个上大学子都能找到独属于自己的那份归属感，上海大学是每一位上大学子的家。在这个家里，我受到长辈们的关爱照顾，与我的兄弟姐妹们一起成长。在这里，一群同学少年，蓄势待发，大有可为。

在上海大学，一代代年轻人大展拳脚，施展青春抱负，铸就了自强不息的上大基因，并代代相传。1923年，年轻的邓中夏、瞿秋白在国家危难之时挺身而出，在上海大学为党培养人才，带领一群青年人为天下苍生不懈奋斗，开启只属于上大的青春篇章。20世纪末，在钱伟长校长的引领下，无数上大青年担起新的时代使命，无怨无悔地为祖国发展而奋斗，继承上海大学的红色基因，传承自强不息的精神。在今天，新时代的上大青年身上依旧流淌着这份上大血脉，并努力将其发扬光大，传递给更多人。

其中，上海大学优秀学生、上海大学国家奖学金获得者张莉君的故事让我懂得了新时代上大人应有的模样。学姐在学习生活中不断主动为自己寻找锻炼的机会。她大胆提出自己的见解：积极参加志愿者活动，为社会奉献自己的爱心。迄今为止，她作为志愿者参加各类服务的累计时长已超过100个小时；她将多数课余时间投入科研项目中，累计参加科研项目时间超过700天，收获了多项专利和国家级竞赛奖项。在她身上，上大人自强不息的精神体现的淋漓尽致。她的故事让初入上大的我有了前进的方向，让我明白天道酬勤，要自强不息地不断发展自我，通过一步步的努力走向自己想要的成果，同时担当起属于我们的那一份责任，从此刻开始为社会做出力所能及的贡献，让上大人身上永不过时的红色基因在新时代得到最好的诠释，与学校一起担起时代使命，扬起时代风帆。

在上海大学，我跟随着榜样的脚步，也慢慢找到了属于我的轨迹，找到了施展青春意气的平台。学校的图书馆内充斥着浓郁的学习气氛，我时常会在课余时间来到钱伟长图书馆温习、预习功课，和这里每一位勤奋学习的同学一起努力，默默见证彼此的付出。在灯火下，在书本中，在知识里找寻我们前行的道路；我通过面试参加了学校的育成计划，在这个全方位培养学生的平台中，老师们精彩纷呈的讲授，让我在演讲、创新等方面有了新的感悟与收获。在这里，我还认识了许多志趣相同的伙伴，我们一起组建了项目小组，一起准备、实施我们的创新项目，一起让心里的那颗向往创新的种子生根发芽。我收获了友谊，探索了从未接触过的领域，更收获了许多受益终身的知识。

受到张莉君学姐的影响，我也努力为社会贡献力量，参加校内校外的志愿活动，在"自动化与人工智能"知识普及志愿活动中，我荣幸地被评为"最美志愿者"。身为红色学府的一员，在入党培训中，我怀着对加入中国共产党的向往，以积极认真的态度去完成每一项任务，成了当期的优秀学员。身为新一代的上大学子，我深知自己要刻苦努力，传承并发扬我们的上大精神，在上大挥洒自己的汗水，努力换取更美好的未来；身为新一代的中国青年，我深知应扛起时代重任，为建设中国特色社会主义而奋斗，为实现中华民族伟大复兴而努力。如今，上海大学每年都以傲人之姿不断进步，身为上大学子的我也会以"自强不息"为准则不断向前。今日，我以我是上大学子而骄傲，愿有朝一日，上大因我的努力而骄傲。

无论是四年前来到上大，埋头奋进，如今即将踏上考研战场的学姐，还是初入上大，刚刚找到前进方向的我，虽只有短短四年，我们高中大家庭的四代上大人见证了学校走向世界前三百的飞跃，看到了学校在我们身边慢慢被人熟知。与学长学姐聊起来，发现我们都曾在踏入校园前期待美好的事情即将发生，而走入校园后，我们在学校的培养下努力让美好的事情在这里发生，和学校一起成长。我相信，在未来，会有更多的"上五代""上六代"奔向这里，怀揣与我们同样的期盼，见证自己和学校的成长，让更多的美好在此发生。

属于我的上大故事已经开始书写，我也会努力写好接下来的每一页。从前听学长学姐讲述他们的上大故事，开启了我与上大的缘分，追随他们的上大故事不断成长。"凡我在处，皆为上大"，今日我将上大讲给你听，希望与你相约于百年上大，书写青年人的大有可为，一起见证属于上海大学的伟业长流。

溯源青春　逐梦上大

2021 级　社区学院　周康成

往事似过眼云烟,经历了热情似火的六月,走过了高考,站在人生的新起点,我又迈向了下一个未知的征途。不知是缘分使然,还是早就心向往之,抑或一见钟情,在茫茫志愿中,最终我选择了这座高等学府——上海大学。

起初的我原本认为这是一座普普通通的大学,或许自己的大学生活就该在此平平凡凡地度过,可能并无什么特殊之处。但从此刻来看,回首在这所学校经历的一切,遇见的所有人,我不禁感慨:人生或许就因此而不同,而活出了各自的精彩。万万没想到,我从这里走进上大,上大就此走进我的青春,走进我的人生。

周康成

逢红色上大

上海大学最初由中国共产党和国民党合作创办于 1922 年 10 月 23 日,至今已有百年历史。这座原本位于青云路上的红色学府见证了中国新民主主义革命时期波澜壮阔的动荡岁月。同时它也受到了时代的冲击,云程发轫,校址几迁。在那个混乱的年代,从青云路到西摩路,再到方斜路东安里,之后到师寿坊,最后到江湾。它在历史的浪潮中蹒跚前进,在一众革命党人的推动支持下,不断发展壮大。在这里任教的有于右任、邵力子、瞿秋白、邓中夏、陈望道等一批爱国志士,宣传和传播了马克思主义,推动了工人运动的发展,也为黄埔军校输送了一批军事人才,他们中有许多在日后都成了著名的爱国将领。因此,"文有上大,武有黄埔"的说法便流传出来。"为有牺牲多壮志,敢叫日月换新天",上大不仅为国家培养了一批进步的知识分子,而且更重要的,它间接推动了历史的发展进程。"北有五四时期的北大,南有五卅时期的上大",在1925年的五卅运动中,上大的师生发挥了不可磨灭的重要作用,扩大了影响,进一步传播了马克思主义和革命思想。

如今漫步在上大校园内,红色的印记依然存在。溯园,意为"追根溯源",这座保存着上大红色历史记忆的公园就在学校大门的一边。和同学一起走进溯园,亲身触摸浮雕并回忆着曾经的坎坷岁月。不同方向的墙体高低起伏,象征着老上大之风起云涌、波澜壮阔。园区中心的校址地图广场和青砖碎石小道,隐喻着老上大之鹤鸣九皋、筚路蓝缕。这一切似乎都意味着上海大学是一座不平凡的学校,无论是它身上的历史沿革,代表的精神价值、人文底蕴,还是曾经引领的时代风潮,走近上大,了解上大,你都会深受震撼。

恰同学少年

忆往昔,峥嵘岁月稠。在上大,我又认识了一批新同学,他们来自五湖四海,性格各异,兴趣多样,多才多艺。他们有的远离家乡来到上大,满怀激情与自信,迫不及待地想要亲身体验大学生活,而上大带给了他们与众不同的感受与体验。快节奏的三学期制,丰富多彩的选课和全程导师的陪伴,一切似乎都来得太突然了。但是这群少年很快便适应了这种生活,在上大,我们不仅收获了真挚的友谊,而且找到了学习与生活的目标与方向。自由是大学与高中最大的不同,正因此,大学是解放学生天性的地方,而上大为学生的自由发展、天性解放提供了无限的空间。在这里,你可以报名参加多种多样的学生社团、校会组织和课外服务,浏览许许多多的资源,收获知识,丰富阅历,不断成长进步。我曾经加入上海大学青年志愿者协会,在他们中间,我锻炼了自己,摆脱了自以为可怕的"社恐",提高了人际交流能力,更坚定了我积极参与志愿服务活动的初心。在过去的一个学期里,我主动报名社会实践活动和公益服务,累计志愿时长近百小时。在这个过程中,虽然很累,但我积累了不可多得的志愿经验,收获了快乐,获得了他人的认可,是十分值得的。同时,在学有余力的间隙,根据自己的兴趣,我报名了学院的创新项目,想挑战自己,去勇敢地尝试一番。

"恰同学少年,风华正茂。书生意气,挥斥方遒。"上大为我们提供了一个展示自己的舞台,看到周围的同学为了学业、为了理想而努力,我时常感到一种动力,我没有每天因虚度时光而悔恨,也没有因碌碌无为而叹息,在这里的每一刻我都有所收获与感悟。或许,这就是校训中所说的"自强不息",少年因上大而精彩,青春因上大而绽放。

谱青春华章

未来属于青年,希望寄予青年。一百年前,一群新青年在风雨如晦的中国苦苦探寻民族复兴的前路;一百年后,吾辈青年在红色旗帜的引领下努力奋斗,追寻美丽的中国梦。"自强不息""先天下之忧而忧,后天下之乐而乐"是上大的校训,也是上大精神的价值所在。这种精神薪火传燃,体现在每一位上大学子的身上。鲁迅曾说过:"此后如竟没有炬火,我便是唯一的光。"百年前的上大曾致力于中国前行,百年后的上大既作为红色学府,又作为青年学生的成才之地,我们在这里更应努力学习,顽强拼搏,永远保持一颗求知的心,不畏艰难险阻,在磨炼与实践中提高能力,提升自我,不负韶华,不负时代。

钱伟长校长曾说:"国家的需要就是我的专业。"上大学子应始终怀有一颗忧国忧民的心,热爱国家,适应社会发展,成为一个全方位发展的人。这或许便是上大青年的一份信仰,一份在短暂而宝贵的青春中难以忘却的精神引领与价值追求。青春是美好的,将青春点燃,将理想与希望寄存于此,溯源而上,大有可为,见证梦想,共赴山河。

我把上大说给你听,上大把你带到我面前。

如果只是向往,远方依然是远方
——同学少年,大有可为

2020级 法学院 肖舒然

在2022年上海大学"寒假回母校"社会实践活动发布伊始,我想我终于等来了这样一个机会——我要把我的上大故事讲给大家听,介绍我与上大的相识、相知与相熟,分享我的上大情怀。

作为一名插班生,我最初觉得自己缺乏一些高考报志愿时的真切经历,很难完成这项实践活动。是我们招毕办老师的话温暖了我,她说:"只要是我们上大的学生,都是很优秀的。相信你也可以完成得很棒!"我们进行宣讲,不单单分享我们高考过后是如何做出各种抉择;更重要的,是分享我们是如何被这所学校吸引而这所学校又是如何为我们每一位学子的成长成才提供一切可能的资源与路径,以激励每一位学子坚定自己的理想,为自己美好未来做出百分之百的努力。

肖舒然

上海大学:持红色基因,秉自强不息

上海大学是一所有着红色基因的高校。众所周知,中国共产党成立于1921年,而我们的上大建校于1922年。它是中国共产党与国民党合作创办的一所正规学府,也是中国共产党的一所干部学校,涌现了一大批杰出人才。人们常说"文有上大,武有黄埔""北有五四时期的北大,南有五卅时期的上大",1922年10月23日,为更好地响应新文化运动的号召,以及加速培养更多的共产党干部,上海大学应运而生。当时的《民国日报》刊登启事:"本校原名东南高等师范专科学校,因东南两字与国立东南大学相同,兹从改组会议议决变更学制,定名'上海大学'。公举于右任先生为本大学校长。"当时还确定由邵力子先生(当时是中共党员)出任副校长。我们的上大,就这样在革命的摇篮中诞生的。

上海大学将"自强不息"放在了校训的首句位置。老上海大学诞生于国家危难之时,而新上海大学成长于民族振兴之际。无论是哪一个时代的上海大学,在前进的征途中,我们都面临着诸多的困难和挑战。忆往昔,上大初建校时在相对不利的政治环境中艰难生存;看今朝,上海大学力争在众多高校中努力提升自身水平,就像我们的钱伟长老校长所说的,"当今世界的大城市中,以城市的名字命名的大学有不少,其中也不乏佼佼者。我们上海大学的奋斗目标就是:经过若干年的努力,达到这些优秀大学的水平,与他们并驾齐驱!"唯有自强不息的奋斗才能让一个个的目标落地生根。

同学少年:虽未相识,仍是榜样

榜样是什么?是在成长的道路中,当我们看不清前路的方向时路旁的指示牌,它的光亮能让我们知道这样做是否可以、怎样做会更好,从而影响我们的行为和态度。毋庸置疑,每一个时代都需要榜样。在现在这个纷繁复杂、价值多元的社会中,我们更需要榜样,需要从榜样身上找到一种能够激发人心向上的精神力量。

最初听说李学姐的名字,是考取插班生后来上海大学报道的第一天。打量着眼前一幢幢陌生的建筑,来到法学院的大楼,结束了一些开学准备工作后,听辅导员跟我们提及法学院的优秀前辈们。老师说,这位学姐很优秀,今年已经保研到中国政法大学了,话语间,透露出自豪与欣慰。老师亮晶晶的眼中,满是对我们信任的目光。这是我第一次听到这位前辈的名字,她的优秀让初来乍到的我明白了什么是榜样。

而我从未想到过,再次看到学姐的名字,是在我领取了我们"寒假回母校"活动所发的山东省的宣传手册上。照片上的学姐成熟美丽,却也不乏青春的魅力;图片旁的文字介绍,更是让我佩服至极:前辈不仅在法学专业的学习上卓有成就,还参加了许多校内外活动。而同为山东省学子的我,这次进一步了解了学姐,更是多了一份亲切感。那段时间,学业与各项活动的压力让我渐渐迷茫,也越发对未来充满焦虑。但是在宣传手册上再次"相识"的学姐,仿佛在无形中给了我鼓舞与力量,让在中期逐梦阶段稍显疲惫与懈怠的我再次记起了初心所在。我想,这位尚未谋面的学姐便是我值得看齐的榜样。虽未相识,激励人心的力量却不减丝毫。

我与上大:传承红色基因,我为上大代言

作为插班生的我,仿佛比大一即入学的同学们更想了解与拥抱这所学校:她是如何一路披荆斩棘努力提升自己的?她又是如何培养出一代代优秀人才的?在如今的新时代,她又有何宏伟目标值得我们去期待与奋斗?在备考插班生的那段日子中,我时时会去关注上海大学的动态,也会常常想象自己在这所学校里徜徉于书海间的快乐。插班生政策,于我而言是一次机遇,也是挑战。我感激于上海大学的包容与开放,给了我第二次可以改变人生的机会,而我很幸运地紧紧抓住了它。

如今,我已在上大读书半载。上海大学给我们提供了优质的教育与学习资源、完善的生活设施,当然,更重要的是给我们提供了向优秀前辈们学习的机会。此外,这次"寒假回母校"活动让我可以与高中的学弟学妹们分享自己在上大的学习生活,传承上大的红色基因,并将上海大学自强不息的精神传递给每一位学子。而这次宣讲的成功,远远超过了我的预测。当看到他们在我介绍上海大学时兴奋又期待的目光,以及听到后生们向我表达他们对上大的向往时,我仿佛真的看到了传承的种子已在他们心底生根发芽。

结语

"如果只是向往,远方依然是远方。"而拉近我们与远方的距离的,唯有自

强不息的信念与奋斗。作为新上大人,我想我会始终秉持"自强不息""先天下之忧而忧,后天下之乐而乐"的校训精神,以不变的初心与坚守,迎接百年上大之辉煌,并在这里,书写自己无悔的青春。

一个男孩和上大的故事

2021 级 社区学院 李晨阳

那时男孩高二,经历过高中一年的磨砺,男孩的成绩渐渐稳定,成为班上的佼佼者。有一天,老师问了一个问题:"你们想考哪所大学?"男孩迟疑了,因为他从小到大接受的思想就是好好学习,考上一所好大学,但并没有人确切地告诉他这所大学是哪一所,他也从未确定过他想考哪所大学。伴随着下课铃响起,这节课结束了,问题也暂时结束了,但在男孩心里这个问题才刚刚开始……

李晨阳

那天放假回家后,男孩破天荒打开电脑,不是玩游戏,而是搜索了解各个大学,找到他要为之奋斗的那一所。男孩对上海这座魔都充满了憧憬,他上网搜索了上海的大学,正是这次,男孩与上海大学偶遇,他对上大产生了浓厚的兴趣,当他看到校训"自强不息""先天下之忧而忧,后天下之乐而乐"后,上大就已经在他的心里留下了深深的烙印,读了十几年圣贤书的他明白:"做到'自强不息'的人必定是一位有志之士;做到'先天下之忧而忧,后天下之乐而乐'的人必是一位胸怀天下的爱国之士。"男孩想做一位有志之士,也想成为一位胸怀天下的爱国之士,男孩想成为这样的"士"。由此,上海大学便与男孩结下了不解之缘,男孩也顺利地拥有了梦想的大学。

时间一天天过去,男孩度过了平稳的高二,开启了注定不平凡的高三。高

把上大说给你听

三伊始,男孩的成绩出现了起伏,"上大"这个名词也渐渐从男孩口中消失,他看不到未来,开始昏昏沉沉地消磨时间。临近寒假,学校组织优秀毕业生回母校宣讲,男孩抱着试试看的"冲动"走进了宣讲场地。他径直走近上大宣讲场地,在学长学姐一番讲述后,男孩好像重新拾起了初遇上大时的豪情壮志,回到了教室,男孩思考一番,终于拿起放在桌子上的钢笔……他开始向老师请教,沉下心开始刷题、总结公式、总结错题。"自强不息"在他的耳中回荡,"上大,等着我"在他的心里默念。时间也因此变得充实,男孩也变得更加自信。

"考试结束,把笔放下,全体起立!"随着英语考试的落幕,男孩12年的学业成果全部凝结在了那几份试卷中。当监考老师将试卷从男孩手中拿走后,男孩似乎有点不知所措,他一步步走出了考场,回头看了一眼奋战了两天的"战场"。走出校门,男孩与早早等候在考场之外的父母拥抱,那一刻,男孩脑子里浮现了一个问题——"我是不是离上大更近了一步?"

6月25日,终于到了查分数的日子,男孩虽然表面毫无波澜,但内心紧张不已,他将自己的账号密码输入了进去,电脑屏幕上随之出现了他的高考分数,这一刻,男孩忐忑的心终于放下来了,他在心里暗喜"我要奔赴我的梦想大学啦!"也就是在那一刻,男孩明白了"一份努力,一分收获,正是那日复一日的努力,换来了今天心仪的分数"。

"喂,您好,请带着身份证来领取您的录取通知书。"电话挂断,男孩窜出了家门。不一会儿,男孩跑回家中,开启了群聊,在至亲们的见证下,男孩拆开了装有录取通知书的盒子,男孩看着里面的东西傻笑了起来,锦鲤可爱牛书签、充满科技感的未来芯、象征着上大的校徽、最最重要的录取通知书……男孩视这一切为珍宝,这一刻,上大才真正意义上走进了男孩的现实。

8月29日,男孩告别了父母双亲,离开了生活18年的故乡,奔赴了上大。男孩和上大的故事到此结束了吗? 没有,他们的故事才刚刚开始……

在溯园,男孩第一次近距离地接触上大风骨,在解说员的介绍下,男孩更加理解了"北有五四时期的北大,南有五卅时期的上大"的含义。当年的上大处于一个烽火不断、国家动荡的年代,但上大并未因此忘记自己的初心与办学宗旨,它发挥了积极的引导作用,培养了一批又一批人才,他们在祖国的各个角落发挥着自己的光芒,上大人前仆后继、舍生忘死,在争取国家独立中献出了自己的一生。"文有上大,武有黄埔"就是最好的说明。

一个男孩和上大的故事

　　在伟长楼里,男孩认真听教授们讲述钱校长的事迹,男孩聚精会神,他想了解这位提出"自强不息""先天下之忧而忧,后天下之乐而乐"校训的儒者。近两个小时的讲述结束后,男孩脑中回荡着老校长曾经说过的一句话——"我没有专业,国家的需要就是我的专业"。他更加明白了钱校长为什么能提出这样的校训,老校长用行动诠释了什么是有志之士、什么是胸怀天下的爱国之士,老校长的精神和品质也必将鼓舞一代又一代上大人砥砺前行。

　　在风雨操场上,男孩奔跑着,汗水从额头上滑落,他回想起了老校长的方针——"健康第一,终身受益"。这和毛主席的"文明其精神,野蛮其体魄"不谋而合,在一些问题上,智者的观点是一致的。通过运动,男孩结识了新的朋友;通过运动,男孩强健了体魄,并享受着这份快乐。

　　在图书馆里,阅读《城市公园建设》,让男孩明白了城市绿地在城市发展过程中的必要性;阅读《中国近代史》,让男孩更加深刻地了解了中国近代发展进程;阅读《我的马克思主义观》,让男孩明白了马克思主义在中国发展过程中所起到的重要指导作用。男孩享受着书香书海带来的乐趣,在这里,男孩像是一张白纸,但这张白纸正在努力地绘制着精彩宏伟的蓝图,韵中有慧,文笔留香。

　　在教室里,男孩正在全神贯注地听老师讲课,"启蒙思想与日本近代化""智慧地球与创新思维""货币的奥秘"等等,这些都是男孩喜欢的课程。正因为上大的交互式教育改革,让男孩有机会习百家之长,集百家之长。这无不体现出上大思想在时刻跟随着时代的脚步,立志于培养全面发展的人才。

　　在男孩心中,上大人有自信,"天生我才必有用,千金散尽还复来";上大人敢创新,"满眼生机转化钩,天工人巧日争新";上大人愿奋斗,"路漫漫其修远兮,吾将上下而求索";上大人爱祖国,"忧国忘家,捐躯济难";上大人勇担责,"先天下之忧而忧,后天下之乐而乐"。这就是上大人,他们气宇轩昂,迈着铿锵有力的步伐攀上一个又一个山顶;他们团结勇敢,手挽着手迈过一个又一个险滩;他们不忘初心,始终奋斗在建设祖国的最前线。

　　时间更迭,但上大求实创新的精神与利国安邦的初心不曾改变。如今,男孩已经在上大校园里学习了半年,他与上大的故事还在继续……

不忘初心再出发

2016级 中欧工程技术学院 郭金珊

时光荏苒,岁月蹉跎,当我此刻开始落笔回忆在母校上海大学发生的点点滴滴时,才意识到我已然由当初向别人介绍时脱口而出的那一句"我是上大学生"变成了"我是上大校友"。对于这个身份的转变我并不觉得忧伤,反而有些欣喜。因为五年的学生生涯到此结束,最终还是给自己画上了一个圆满的句号,也能够很自豪、很洒脱地和五年前那个懵懵懂懂、无知无畏的自己说:"嗨,我见过你,但我不是你哦!人生最开心的时刻,莫过于下一段探险旅程的开始,始终不忘初心,再出发!"

郭金珊

由于我所就读的中欧工程技术学院学制比较特殊,因此只在学校就读了三年,便匆匆忙忙地前往法国继续自己的学业,未曾拥有过属于自己的毕业典礼,这也是整个大学期间唯一的遗憾了。因为早早地就知道要比其他学院的同学在学校少待一年,一开始就告诉自己要珍惜在学校的每一天,以平常心、感恩心、好奇心去拥抱即将发生的点点滴滴,去享受奔跑的过程,不必在乎最后的结果。从大一到大三,我最喜欢去的、空余时间待得最长的地方就是图书馆了,喜欢那里安静的氛围、楼道间朗朗的读书声,时时刻刻被每一个低头为自己的目标孜孜不倦、向前拼搏的身影所鼓舞;十分享受在属于自己的时间里迎难而上解决每一个遇到的难题,最终收获成就感并奖励自己一杯奶茶的瞬间;更珍惜闭馆铃声响起,背上书包,漫步在马路上放空自己,和孤独相处的那一段回南区宿舍的路程。那个时候的每一分每一秒都值得好好地去回味,现在回想,也的确很难再有那样的时光了。学校最让我留恋的应该非食堂莫属了,在宝山本部的六个食堂让我以最低的成本尝尽了人间美味。食堂叔叔阿姨们的热情,让自己仿佛置身家中一样亲切,甚是幸福。现在回想,也的确很难再有机会可以长时间吃到这么便宜的饭菜了。记得大二的时候,在山明食堂做过一学期的勤工俭学,每天忙忙碌碌地奔跑在教学楼和食堂之间,也得到了食堂叔叔阿姨们的很多帮助,和他们在一起工作很开心,更加地明白了工作的艰辛和生活的不易,也进一步勉励自己要更加努力地学习。现在回想起来,很感谢曾经有过这样的经历和感受,给我的人生上了一堂无价的课。

在中欧学院,留给我印象最深的便是同学之间的团结互助与骨子里的传承精神。由于大家都是零基础学习法语,加上许多课程都是法语授课,或多或少大家都会遇到困难。但无论是法方课程还是中方课程,所遇到的老师都十分耐心,同学之间也会时不时地开设小课堂,互相讨论,解决课上所遗留的问题,让每个人都能顺利地通过每一门课,并学到宝贵的知识。每一次讨论不仅加深了同学之间的友谊,也让学习变得越来越快乐。在法国留学期间,得幸于各位学长学姐的帮助,让我们在陌生的国度尽可能快地适应崭新的生活,消除对于未知的恐惧。特别是到法国学习六个月后,学校要求在法国找一份为期六个月的企业实习工作。当时除了学业上的压力,也要留出很大一部分时间和精力来准备面试、调整心理、练习法语,可以说是焦头烂额。也正是因为有学长学姐的经验分享,让我们能够逐步适应,找到自己的节奏,在异国他乡顺利地走下去。生活在中欧大家庭里,总是能够体会到大家除了让自己更好外,也尽自己最大的力量让别人变得更好。我想这一切都源于那一句始终印在每一个"中欧人"心中的标语——世界眼、中国心、文明人。

大学期间,很幸运自己能够得到学校、老师和同学在经济上的援助,让自己能够在奖学金和助学金的支撑下心无旁骛地学习。学院的辅导员总是尽最大的可能去帮助每一位需要帮助的同学,也及时关注每一位同学的学习进展和身心健康。让我印象最深也最感动的便是法国疫情每天出现大幅度增长时,学校领导和老师们每隔一段时间通过邮件的方式,对远在海外的我们给予关注,并深切地嘱咐我们要尽量减少出门、缓解心理压力,保持与学院、学校的联系。与此同时,当学院组织的法语暑期夏令营来到法国时,第一时间便到宿舍探望我们,了解我们的担忧、听取我们的建议。我想,也正是因为有这些源源不断的、强大的能量在背后支撑着,我们大家才能够有勇气去面对在法国的困难,最终顺利毕业并安全地回到祖国母亲的怀抱。我想,这些关心、关怀、鼓励都是无价的,我的内心也时时刻刻都倍感珍惜,心怀感恩。我也不断地将这一份幸运转化为自己前进的动力,我想在我有能力以后,也能够尽自己的一份力量,回馈社会、回馈他人。

在上大给我启迪最深的莫过于校训里的"自强不息",这是钱伟长老校长对于每一个上大学子的期许,希望我们在任何时候都能够在逆境中做到拥有强大的内心,克服困难、相信自己,不断成长,生命不止、奋斗不息。也许只有走出了校门,才知道学校生活的美好,那一份生活的充实不可复制,曾经有目标、有理想、有动力、有温暖、有欢笑、有泪水、有成长、有感动;如今有期许、有勇气、有自信、有希冀。希望我们都能够站在新的起点,不忘初心再出发!

恰同学少年，风华正茂

2021级 社区学院 高薛彦

2021年盛夏，上大的录取通知书伴着朝阳与希望邮寄到家中，人生中那段为了不断地靠近上大而伏笔于书桌之前、努力在高考的战役中再多得到些分数的历程由此正式合上了卷轴，而我与上大的故事也由此拉开了序幕。

虽说我与上大的故事是在数月前才正式开始的，我对上大却并不陌生。高中三年仿佛就是抱着"我要进入上大"的决心才走下来的，我相熟的学长学姐以及自己的姐姐都陆续进入了上大，他们与我聊上大的学分与制度、上大的过去与现在、上大的老师与同学，我从而更加确信上大有

高薛彦

我所向往的一切：有朝阳倾洒的朝气、有星辰笼罩的浪漫、有悉心教导我们的师长，更有着许许多多共同向前迈进的伙伴。现如今我真真正正行走在这个校园之中，才发现上大的美好与浪漫远比当时自己贫瘠的想象丰富得多。

真正读懂"恰同学少年，风华正茂；书生意气，挥斥方遒"这几句诗，也是在我进入这个校园以后，在革命先辈们留下的故事与文字之间，在追随着学长学姐们的背影之时，更是在与伙伴们奋力拼搏之时。无论是百年前之老上大，抑或如今的新上大，这个校园的学子都无一不在以少年之朝气、青春之热血竭力诠释这些诗句。

把上大说给你听

　　我最先走进的是百年前上大校园中的前辈们。翻开随录取通知书一同寄来的《他们从上海大学(1922—1927)走进新中国》一书,就仿佛翻开了历史的书卷,前辈们在上海大学生活、学习的故事如此清晰而真实地在我面前呈现,我切实地感知到了在时代交替、时光变迁之下,星火精神跨越百年注入了我的心间。陈望道翻译《共产党宣言》时全神贯注,误将墨水当作红糖吃下;安剑平一生皆为改造中国社会而做奋斗……我无法亲历百年前的上大,却仿佛透过书本看到了它过去的模样,我被书中的一个个故事所震撼,庆幸我能和先辈们在同一所学府学习,时代在流转,他们的风华正茂却被刻印在了书中。

　　站在时代的走廊回头看,过往的每一步都是前辈们用奋斗与汗水拼搏出来的,我看到了那些遥不可及的历史人物以青年人的身份在上海大学任教、学习的专注与努力。百年精神,时代传承。前辈们在上大的故事成了传奇,而正在进行着的,却是我们的故事,是带着前辈们留给我们的宝贵精神财富以及红色基因继续向前迈进的这个时代的青年的故事。

　　这个时代的青年应该去做些什么?我们的责任与使命又是什么?上大的灵魂与魅力又在哪里?进入上大以来,尚且懵懂的我仿佛就是在不断地摸索这些问题的答案,这些答案也在我姐姐的故事中,在学长学姐们的引导下,更在与挚友的结伴同行之中逐渐清晰。

　　姐姐说,上大让她找到了她自己,实现了自己的梦想。我仍记得姐姐四年前填写高考志愿之时的纠结与迷茫,记得她初进大学之时对未来的恐慌以及对自己的怀疑,更记得随着时间的推进,姐姐明晰了自己的梦想:成为一个新闻人。姐姐说上大校园的生活以及学习让她找到了自己的心之所向,也鼓励着她不断向梦想奋进。在经历了实习之后,姐姐告诉我,上大的学生总能很好地适应社会,满足社会对他们的要求,因为上大的独特培养理念以及培养模式帮助学子们衔接着学生与社会生活的身份转换。四年前尚且处于迷茫之中的她在四年后的今天已取得出国深造的 offer,上大拥有找到自己内在的渴望,看见自己潜力的魅力,姐姐的经历也让我对我的未来充满信心。

　　学长学姐们用他们的行动告诉我,上大有温柔地孵化一个人的能量。记得初入校园之时我迷茫得找不到东南西北,是作为志愿者的学长学姐们耐心地解决了我所有的困惑,不厌其烦地帮助我搬行李,抚平了我所有的不安与恐慌。也记得刚刚进入院学生会工作时,我傻乎乎的什么也不懂,别说帮上什么忙了,不添乱已经是那时的我所能做的最大贡献。然而部门里的学长从未责怪过我,反而手把手地教我一项项工作,带我一点点变强。稚嫩的我就像是初学自行车的新手,颤颤巍巍地扶着把手想向前迈进,学长学姐们就像最初帮我扶着车把手、又在时机成熟时推我一把让我自己骑着车向前走的人。在上大,总有那么优秀、那么好的前辈带着我们长大。

而在与挚友的结伴同行之中,在一天天的拼搏之中,我逐渐认识到了校园尤其是上大的校园的魅力所在。在这里有透彻的付出与回报,在这里创造个人价值就能收获认可,努力就可以有收获,上大教会勇敢的人更加勇敢,教会不勇敢的人学会勇敢。上大教会了我去尝试人生的各种风采,跳脱自己的舒适圈。这里还有挚友与伙伴,我和部门的伙伴一起办班团培训、办团支书沙龙,一起完成智慧团建上的工作也一起带领着同学们做"青年大学习",我们也更知晓上大过去的故事,知晓共产党人的故事,更明了自己的使命。无数次我们办完活动一起在校园散步,大家聊活动中的问题与亮点,聊我们的党和国家,聊理想与未来,晚风轻拂而过,那一刻我当真领悟了毛泽东所言的"恰同学少年,风华正茂;书生意气,挥斥方遒"。

上大从不缺乏展示自我的平台,也不缺乏与我携手共进的伙伴。我虽稚嫩弱小,踏入上大的我却无时无刻不在向党靠拢。上海大学是"革命之大本营",是培养革命干部的学校,上大师生有着特殊的精神,正如施蛰存曾说的那般,"他们秉着刚毅不拔的勇气,从很远很远的地方赶到这来上大学来,不是来享福,不是来顶大学生的招牌。他们是能忍苦求学,预备做建造新中国的工人的"。百年前如此,百年后亦是如此。

我愿成为什么样的上大人?过去,这个问题并不明了,而如今,问题的答案逐渐清晰。我愿带着青年人的朝气从校园中学习,然后回馈给社会,我愿怀着无限的勇气与拼搏的斗志过好在上大的每一天,在这个时代传承先辈们早在百年前就已深藏的红色精神。我愿深入了解当今之社会,愿投身社会主义现代化建设,愿和无数青年人一起推动这个社会向前进。我将不惧风雨奋勇向前,因为我心中明了,前辈们已为我们点燃火炬,在接下来的日子中传承星火便是我们青年一代的荣光与使命。

万花筒中众生相

2021 级 社区学院 王妍骅 李锦堰 滕若婷 孙康淳

匆匆忙忙来到学校,被花坛下的一缕色彩吸引目光,我走进一看,拾起那个万花筒。我好奇地扭着万花筒,试图找到童年的记忆。

然而,我看到了很多我自己,同一张脸、同一件衣服,却做着好多不一样的事。

上大的好多"第一次"

报道第一天,我就出了岔子。

只身一人从南一门进,空旷的广场门可罗雀,我断定自己走错了,要绕一大圈路。还好,感谢手机地图……真是往这边走?来来回回尝试了不同路线,却不见几个同届新生。温柔的声音从旁边传来:"同学,你是不是迷路了?我来带你走吧,你宿舍在哪个区域?"说罢接过我的行李,一路送到宿舍楼下。感谢那个志愿者姐姐,拯救了我的不安。

王妍骅

室友来自五湖四海,生活习惯各有不同。本以为会因此出现矛盾,但大家的包容和理解成就了一个温暖的宿舍。有室友不吃辣,于是宿舍团建吃饭便从不点辣。刚开学时互相带路,互相带早饭,主动打扫卫生,分享学习经验,积极了解对方的家乡文化,让我们每个人都感受到了充分的接纳。

我希望参与一些以前的自己根本不会尝试的事,于是加入了上大SK街舞社。刚开始发现大家都非常外向,而我却有些害羞和紧张,担心自己无法融入。值得庆幸的是,大家的热情让我很快放下了对陌生环境的戒备心。准备考团时,尽管我是组里唯一没有跳舞基础的人,大家却都很耐心地教我,最后取得了不错的结果。而我也对新的人际交往和自己的能力有了更多的勇气和信心。

感谢我在上大遇到的每一个人,让我觉得成长在很多时候不是孤独的。

上大温暖的小时光

八月底的某一天,是第一次和室友见面。

其实假期已经和室友们联系上了,约定第一天入住一定要聊个通宵。不过事实上,不知是社恐还是出于礼貌,我们四人保持着几乎令人窒息的安静。

这样的状况一直持续到选课以后,突然又是某一天,不知道聊起了什么,四个人不约而同地聊起自己过往的生活。在讲故事的室友突然回过头问:"我背对着你,你能听见吗?"

于是,我们四个人搬着小凳子围成一圈,拿着零食排排坐,讲故事。

李锦堰

四个人依旧客客气气,保持着恰到好处的距离感,也会分享自己的心事和日常。每个人都在大学找到了自己喜欢的生活方式,有人热衷文学,有人热爱篮球,有人执着于探索法理,也有人在剧团风生水起。无论是通过社团还是通识课或者是学生组织,总之每个人都找到了提升自己价值的方式。

有时候我们几个人随意排列组合,一起上课;有时候会相约"早六",从宝山校区坐校车去延长校区上课;有时候会一起在微积分课上"患难与共"。如果周五艳阳高照,我们会裹着温暖的光去上班会。

我想这大概是上海大学每个宿舍的缩影。无论是学习还是生活,既没有整晚整晚挑灯夜读,也没有虚度光阴荒废学业,只是简简单单遵循学习指标和过去自己的期待与向往,过着一天天看似普通实则精彩的大学生活。

上大的每一个转角

踏入上海大学的校门,开启一段新的旅程。我从未想过作为新生能有机会踏入自己理想领域的实验室,而学院的创新项目给予了我这个机会。

在百余项项目中,我参与了"电离辐射对小鼠的认知影响"。整个过程中,我经历了太多第一次,第一次给导师发申请邮件,第一次踏入生物实验室,第一次亲手操控实验器材,第一次记录数据。项目开始前,我本有所顾虑,但这些顾虑都随着与导师的第一次见面烟消云散。导师早已做好充分准备,考虑到我们初次做项目,先以新生生活和我们拉近关系,又辅助我们找好了相关文献,并且派研究生学长学姐指导我们日常的一些研究。

滕若婷

第一次进实验室是为了进行试验的第一阶段"训练小鼠"。学长学姐带领我们踏入实验室,将已经分好组的小鼠放在一旁,给我们讲解原理以及接下来的实验步骤。将小鼠放于用白色粉末浑浊过的双层水池中,再将采集相机与计算机连接,按四个象限的维度将小鼠按次序分别放下,耐心等待小鼠登上水中的平台,在电脑上记录即可。看似简单的步骤,在实验时却屡屡碰壁,不同的小鼠反应截然不同,一分钟的时限早已过去,小鼠却迟迟不上岸,实验就这样一次次失败,我有点灰心,但学长学姐却依旧保持镇静,告诉我这是实验的常态。

我第一次领略了科研的不易,所有看似简单的步骤,都需要精确而耐心地去完成。我感谢上大给予的科研机会,也期待着在上大的每一次科研经历。

上大的每一个团队

寒假时的我在老师的带领下，与团队成员开展"双碳"视角下新能源汽车动力电池回收的实践探索课题。课题团队成员利用寒假的时间前往南通，走访某新能源公司进行实地调研，目的是了解动力电池梯次回收与利用的相关问题，以便为后续的学术研究做好充分的准备。

在了解到该企业主要是制作储能电池的基础上，团队积累了许多有价值的资料，例如该企业梯次动力电池的供应来源、应用的具体场景与客户来源、梯次利用的具体路径过程以及储能电池的技术障碍前景等，这对团队未来的学术发展具有一定的促进作用；团队进一步积累了调研企业以及与企业合作的经验，方便今后进一步对其他企业进行调研。在调研的过程中也遇到了一些困难，例如涉及数据的信息较为敏感不宜透露，接待调研的人员对于除了技术以外的其他问题不太了解等问题。在此我们也收获了经验与教训，会继续跟进本次调研，并在以后的调研过程中多做前期准备工作，也能给调研企业留下良好的印象。希望团队整体和所有的团队成员能够在以后的研究和实践过程中取得更好的发展。

孙康淳

我似乎一眼望不到底了。

我放下万花筒，思考着自己大概不太懂一个人照顾自己，也不大明白怎么摆脱"社恐"，也许坚持认为自己还是个学术小白。不过我敢肯定，自己一定能鼓起勇气迈出一大步，去找志同道合的朋友，去留心每一寸光，去踏踏实实地积累，去执着地实现一件件原本自己认为不可能的事。

我人生的后半程从上大起航

2017级 理学院 李奕衡

2015年,一个孩子乘着吭哧吭哧的绿皮火车来到上海大学。转眼间六年过去,那个孩子依旧在上海大学继续着求学生涯,成了一名2021级的上大研究生。回想这六年,入学、从军、入党、支教、升学,每一件让我觉得骄傲的事情都与上海大学息息相关,上大带给我的不仅是物质生活的支持,更有精神世界的洗礼,我人生后半程也从这里开始。

李奕衡

携笔从戎,是一路坚持的拼命三郎

从小耳濡目染,"逆行者""消防员"这些字眼不时涌现在我的眼前。一直对部队无限向往的我,在入学军训时得知征兵的信息便毅然选择了报名参军。有同学问我:"你害怕吗?"我想了想,回答道:"其实当时是有点害怕的,不过既然选择了,就勇敢面对,坚持到底。"

"眼神!做任何动作眼睛一定要有神,眼神够狠就算达标了!"班长的话时常在我耳边回响,经过新兵连的三个月的刻苦训练我被分配到了荣誉无数、各项业务技能团队比赛常年第一的中队。到了中队,我们要求每天登楼高度不少于100米、长跑距离不少于10 000米,每周俯卧撑、仰卧起坐、单双杠不少于1 000个……我一直是那个永远和"老兵"比质量比标准的新兵,是那个跑步快、爬梯子最快的新兵,连我的战友也时常调侃"大学生就是不一样!"

中队的任务特点要求每名官兵都能做到三个"一口清",即随车装备器材"一口清"、园区水源道路"一口清"、场馆内部结构"一口清"。为了能尽早获得出警资格,我每天背书到凌晨,5点多就起来训练也成了家常便饭,我也成了最早获得出警资格的那一批。或许没有人知道夏天穿"棉袄"是什么滋味,但我知道:训练、出警,一年四季都是防护服,其中滋味一言难尽。在我的消防队员生涯中,大部分时间是二号车的战斗员,主要负责社会救助以及辅助一号车进行内攻灭火。作为二号车的主力,除了灭火、抢险、救人以外,摘马蜂窝、救猫救狗、抓蛇、撬锁、破门等也是我的拿手绝活!

从容冷静,是直面挑战的热心少年

"生一半,死一半;火一半,水一半;热一半,冷一半;饭吃了一半;澡洗了一半……"两年的消防队经历,我的自我管理能力、处事应变能力得到很好锤炼。2017年9月退伍后,我再次作为一名大一新生回到上海大学就读。回校后,我多次参与各类校园活动,主持节目、消防培训、军训带训都有我的身影,我多次被评为上海大学优秀学生干部、上海大学优秀毕业生。

钱伟长校长说过,"我们培养的学生首先应该是一个全面的人,是一个爱国者,一个辩证唯物主义者,一个有文化艺术修养、道德品质高尚、心灵美好的人;其次,才是一个拥有学科、专业知识的人,一个未来的工程师、专门家"。作为上大学子,践行钱老的教育理念,努力做一个全面的人一直是我坚持要做的事情。在2019年理学院的元旦晚会筹备期间,辅导员问我有没有兴趣担任主持人,我欣然答应了辅导员的邀请。经过多次主持的锻炼,我先后为学校、学院担任了"青春、成长、感恩:我的上大故事分享会——庆祝新上海大学组建25周年活动"、上海大学原创朗诵音乐剧《苍穹之恋》、上海大学理学院毕业典礼等活动及各类晚会的主持人,上海大学各色各样的活动办得越来越好,我也在与上海大学共成长。

在社区管理部的支持和帮助下,我结合自身的经历,在2018年5月10日开展的消防讲座中担任主讲人,从火灾的危害,到逃生绳结的制作都一一讲述,为全体宿舍楼管理员老师及部分楼幢学生代表开展了一次消防培训。作为一名上大学子,我尽己所能向学校的老师和同学普及更多的消防知识,提高师生们的安全意识。

心系社会,是满腔情怀的上大学子

2019年夏天,在完成军训带训的工作后,我作为社会实践项目负责人带着志愿实践团队的小伙伴们到贵州省铜仁市沿河县官洲镇木梓岭村的大山里,为当地的孩子们开展了一次别样的教学。

在这一段社会实践中,我和团队的伙伴们一起给当地的孩子们组织了一场名为"结伴"的夏令营活动,开展几何图形知识讲解以及建筑模型的搭建等课程,帮助孩子们培养理性思维,增强动手能力;完成"结伴",通过网络、书信等方式保持与孩子们的联系,分享大学的生活,从小就筑起他们大学的梦想;通过联系校友,为当地小学捐助了健身、体育锻炼器材,搭建起"健行教室",为孩子们的身心健康助力。此次的实践活动在当地引起了良好的社会反响,贵州省沿河县的电视新闻赞扬了此次支教社会实践活动,为上海大学做宣传的同时也展现了上大学子的爱国情怀。

作为上大学子,我深知老上海大学是中国共产党和国民党合作创办的一所红色学府,新老上海大学的精神是一脉相承的,同一个校名,同一种精神,联结起跨越时空的两所大学。老上海大学的峥嵘岁月和奋斗精神不断激励着我,"自强不息""先天下之忧而忧,后天下之乐而乐"的校训精神也不断鼓舞着我成长进步。本科毕业后,在学校武装部的号召下,我继续留在学校参与了2021年的军训带训工作,为学校的军训带训工作贡献自己的力量。随后的9月,我入学成了上海大学理学院的一名研究生,继续在上大追寻我的青春梦想,起航我的不凡人生。

百年上大与他们与我们

2020级 上海美术学院 傅琍璇 胡一娜

在世界的大城市中,以城市的名字命名的大学有不少,其中也不乏佼佼者。而上海大学,作为中国共产党和国民党合作创办的一所高等学府、作为以上海这座城市命名的高等院校,将其建设为一流大学,是现在上大人须臾不曾远离的梦想,也是钱伟长老校长在新上海大学组建时的初心。现如今的上海大学,钱老虽然已经离去,但"忧国忧民"的种子已经植根于上海大学的校园,"自强不息"的精神一直铭刻于每一个上大人的心间,引领每一个上大人的成长。

百年传承,一脉相连

"自强不息""先天下之忧而忧,后天下之乐而乐"说的就是希望我们能够背负起天下兴亡,能够通过自身努力学习本领,担负起建设祖国的重任,背负起天下万民的福祉。"自强不息",承载了千万中华儿女为中华民族复兴的奋勇拼搏之心。想要深刻领悟上大校训的历史沿革及其丰富内涵,我们首先要了解上大的诞生和成长历史,才能感受百年上大丰厚的历史底蕴和人文气息,才能感受百年上大走过的沧桑岁月和艰苦奋斗的历程,才能明白何谓"自强不息",才能在这红色历史长河中不断成长!

胡一娜

老上海大学是中国共产党为了加速培养更多的共产党干部创办的一所高等学府，是中国共产党重要的活动基地和干部培养基地，是新文化运动传播马克思主义的重镇和五卅运动的策源地。秉着"养成建国人才，促进文化事业"的办学宗旨，一大批名师贤达同舟共济开拓前行，吸引了数千追求社会进步的青年学子，造就了一大批职业革命者和杰出的专业人才。百年里，上大的学生与老师们上下一心，为民族的振兴和解放做出了重要贡献。

党的早期领导人瞿秋白曾任老上大教务长一职，为学校规划蓝图、分院设系，在上海大学办学史上写下了永远不可磨灭的一笔，是上海大学学生心目中最受欢迎和尊敬的教授之一。就义前他曾在狱中写道："信是明年春再来，应有香如故。"简简单单两句词，却激起我心中无法抑制的热血，作为上大学子，就应该继承这种无惧生死、一往无前的革命精神，让从今往后的春天携香而来。

百年上大与"我"同行

九一八事变时钱伟长先生毅然弃文从理，努力学习最新科学技术建设祖国。1982年，60岁的钱伟长先生担任上海工业大学校长一职，成为终身校长。钱伟长先生任校长后上海工业大学迅速发展，1994年新上海大学合并组建，钱伟长先生也被任命为新上海大学的第一任校长，提出"自强不息""先天下之忧而忧，后天下之乐而乐"的校训。在钱伟长老校长的带领下，上海大学高速发展，成为我国地方高校中的佼佼者。在报考上大之前，上大对我而言一直都是可望而不可及的，爷爷奶奶他们都是老上海人，但

傅珣璇

是我从小生在南京长在南京，老一辈们一辈子的心愿都是希望子女们能够重回上海，如今我光荣地考入上大，以全新的面貌开启我的大学生活，回到了爷爷奶奶生活的地方。在这里我感受到了上大浓厚的学习氛围，在这里的每一寸土地都是钱伟长老校长的心血以及对我们学子给予的厚望，"先天下之忧而忧，后天下之乐而乐"的校训精神也是我们新一辈青年应当牢记的使命。"国家的需要就是我的专业"，这是我最敬仰钱老的地方，他用宏伟的眼光与视角

来培育我们,这更是我进入上大后一直坚定的学习信念!

　　作为设计专业的学生,我们认为美术是跨越国界的,有它自己的影响力,我们虽然学的是平面化的东西,但也可以通过画笔像先辈一样表达思想,改变"现状",我们要用我们的设计去表达思想、服务社会、报效国家!

　　就是这样一位位革命先辈、上大师生共建了这样一所百年来为国家兴亡艰苦奋斗、一往无前的"红色学府"。身为上大学生,我们感到无比自豪,受到先辈们的影响我更期望通过自身努力,掌握本领,全身心投入祖国的建设中,为中华民族的复兴而不懈拼搏和奋斗,用自己的专业所学、用自己的能力去做出改变。就是这样一大批爱国人士和著名学者,吸引了数千爱国进步千年来求学,在这段峥嵘岁月中,走出了许多我们至今耳熟能详的革命烈士。如今我们大二了,通过大一一年充分的学习,我们要带着上大精神回到家乡回到母校,进行红色宣讲活动,将我们的经历、上大优秀革命先辈的经历、钱老校长的精神带给新生代,来到这样一所优秀的大学,为国家献出一份绵薄之力。

　　如今的上大,这所朝气蓬勃的年轻大学正以不可思议的速度成长,将自己的姿态展现给世人。我们作为上海大学的一分子,我们都在和上大一起成长,上大能有今天都是全体上大人不忘初心、追求卓越的收获。回首过去,成就令人鼓舞;展望未来,蓝图催人奋进。新时代孕育新希望,新征程承载新梦想。不忘初心,方得始终,自强不息,以国当先,"先天下之忧而忧,后天下之乐而乐",这是我们在上大上学到的精神,也是我们在未来的学习中会一直铭记的精神、不断传承的精神!

后　记

《把上大说给你听》一书由"传承红色基因　我为上大代言"实践活动征文的优秀稿件汇编而成。书中融汇了上海大学赓续红色基因、青年学子爱国荣校的赤诚血液,是该实践活动近年来的成果汇编,是上海大学招生与毕业生就业工作办公室发挥文化实践平台育人作用的集中体现,也是为上海大学建校100周年的献礼之作。

本书从动议起草活动方案到征文启事,至文稿的收集、修改、定稿、成书,历时近6个月,共收到来自23个学院149位同学的稿件。通过与作者们不断的协调、修改与完善后,最终选出60篇佳作编入本书。书稿编撰过程中,招生与毕业生就业工作办公室陆瑾主任多次给与指导,卢欣、叶亮、宋颂、童言明等多位老师负责组织、征稿、校稿等具体工作,征文编辑组陈昕、唐沁雨、宋佳檄、张睿驰、余意天、党照坤、严珺、刘佳欣等同学及招生宣传协会成员负责联络作者修改稿件及相关资料的收集等工作,最终由陆瑾主任审定。

本书围绕"把上大说给你听",分设了"红色学府　百年传承""乡曲之情　履践致远""立德树人　润物无声""溯源青春　逐梦上大"四个主题。从同学们行云流水般的文字中,可见他们心中的红色学府上海大学,发于青云之韧,在战火纷飞的时代潮头肩负起了救亡图存的使命;可见他们眼中的新时代上海大学,在为国家为社会谋发展,彰显城市品格践行红色使命,书写不凡的上大故事。感谢所有作者的积极投稿,是他们饱满昂扬的青春姿态、勇担使命的青年力量、独特的上大故事赋予了本书灵魂与力量,成就了本书的出版。

巍巍学府,百载传芳。2022年是上海大学建校100周年,有幸编纂此书,既是为了溯源曾经的、过去的辉煌岁月,更是为了激励后来人不忘使命,继续奋进。笃行而不怠,克艰而致远,传扬红色精神,共襄时代荣光!

十秩风雨,使命不渝。我们坚信,下个百年,上海大学将继续与祖国共进,与时代同行,以追求卓越、争创一流的昂扬斗志,吹响新时代的创新号角,在建设中国特色、世界一流大学的征程中,奋力谱写上海大学创新发展的新篇章!

本书编写组

2022 年 4 月 25 日